ESTE LIBRO
PERTENECE A:

Maquetación y adaptación de cubierta: Endoradisseny

Título original: *Emozionarte*
© 2020, Adriano Salani Editore Surl
Traducción: Silvia Salsini

Sobre las obras de arte reproducidas
Páginas 11, 41, 47, 83 © 2020. Foto Scala, Firenze
Páginas 17, 23, 29, 35, 53, 59, 65, 76, 89, 95, 107, 119: obras bajo licencia Creative Commons
Página 71: © IanDagnall Computing / Alamy Stock Photo
Página 101 © 2020. Foto Schalkwijk/Art Resource/Scala, Firenze;
© Banco de México Diego Rivera Frida Kahlo Museums Trust
Página 113 © 2020. Foto Art Media/Heritage Images/Scala, Firenze
Página 125 © 2020. Image copyright The Metropolitan Museum of Art/Art Resource/Scala, Firenze
Página 131 © 2020. DeAgostini Picture Library/Scala, Firenze

ISBN: 978-84-18538-49-0
Código IBIC: YB
Depósito legal: B 5.465-2021

© de esta edición, 2021 por Antonio Vallardi Editore S.u.r.l., Milán
Primera edición: junio de 2021
Duomo ediciones es un sello de Antonio Vallardi Editore S.u.r.l.
www.duomoediciones.com

Gruppo Editoriale Mauri Spagnol S.p.A.
www.maurispagnol.it

Impreso en Grafiche Stella, Italia

MARTINA FUGA

EMOCIONARTE

EMOCIONES   A CARGO DE SIMONA COLPANI

ILUSTRACIONES DE SABRINA FERRERO

Duomo ediciones

ÍNDICE

10 FELICIDAD
Baile en el Moulin de la Galette, de Renoir

16 TRISTEZA
La absenta, de Degas

22 SERENIDAD
La Virgen del jilguero, de Rafael Sanzio

28 ENFADO
La Guerra, de Rousseau

34 VALENTÍA
La Libertad guiando al pueblo, de Delacroix

40 MIEDO
Laocoonte, de Agesandro, Atenodoro y Polidoro

46 TERNURA
Las tres edades de la mujer, de Klimt

52 ASCO
Judit y Holofernes, de Caravaggio

58 ESPERANZA
Almendro en flor, de Van Gogh

64 ANGUSTIA
El grito, de Munch

70 ENTUSIASMO
Composición VII, de Kandinski

76 ABURRIMIENTO
Niña en un sillón azul, de Cassatt

82 ALEGRÍA
El circo, de Seurat

88 SOLEDAD
El caminante sobre el mar de nubes, de Friedrich

94 AMOR
El beso, de Hayez

100 DOLOR
Las dos Fridas, de Frida Kahlo

106 NOSTALGIA
Mujer leyendo una carta, de Vermeer

112 DESESPERACIÓN
Hombre desesperado, de Courbet

118 COMPASIÓN
La Piedad, de Miguel Ángel

124 VERGÜENZA
Eva, de Rodin

130 CURIOSIDAD
Curiosidad, de Lega

Querida lectora, querido lector:

Cuando te encuentras delante de una obra de arte, puede pasar que sientas curiosidad por la técnica, que te impresione el tema, que te involucres por la historia que cuenta o incluso que participes de los sentimientos de los protagonistas, o bien que te quedes perplejo porque la obra es difícil de entender y está lejos de tu experiencia.

«¿Qué siento ante esta obra?» es la pregunta que sugiero que te hagas cada vez que entres en un museo y contemples un cuadro o una escultura. Será una manera de acercarte a esa obra maestra y empezar un recorrido de descubrimiento interior.

En este libro te propongo una aventura de descubrimiento de tus emociones a través de veintiuna obras maestras de la historia del arte. He emparejado cada una de ellas con una emoción, pero recuerda que todas nos hablan de una manera diferente a cada uno de nosotros. No hay ningún error si sientes una emoción distinta de la que yo te sugiero, porque todos somos personas diferentes, con vidas y experiencias únicas que hacen que seamos como somos.

Esta constituirá una manera de acercar el arte a la vida, de ganar confianza con artistas y obras maestras, para que las obras de arte no sean objetos inalcanzables colgados en las paredes de los museos o en sus pedestales, sino que lleguen a formar parte de nuestra vida.

¿Estás listo para emprender este viaje conmigo?

Martina

Un día, un señor que trabajaba como psicólogo se dio cuenta de que todas las personas, grandes y pequeñas, ponen la misma cara cuando experimentan una emoción: entornan los ojos o los abren, abren la boca o hacen una mueca, reculan o se acercan. Este hecho le pareció bastante singular y, para averiguar si su intuición era correcta, recorrió el mundo enseñando a la gente fotografías de personas felices, enfadadas, asustadas, tristes o bien asqueadas y todos los que las miraban reconocían la emoción que allí se expresaba.

Pero Paul Ekman aún no estaba satisfecho, porque tenía la duda de que quizá las personas se habían acostumbrado a interpretar las emociones mirando las expresiones de los actores. Decidió, por lo tanto, irse a un lugar lejano donde no llegaba la televisión, un pueblo remoto en las montañas de Papúa Nueva Guinea. ¡Y con gran estupor advirtió que incluso aquellos remotos indígenas entendían las expresiones faciales! La televisión quedó libre de culpa y Ekman descubrió que todos los habitantes del mundo sienten las mismas emociones pero, sobre todo, que ponen la misma cara.

Desde entonces se han realizado muchas investigaciones y se ha descubierto que también hay muchas diferencias entre las emociones, porque lo que sientes depende de tu edad, de dónde vives, de las costumbres de tu familia y, sobre todo, de quién eres tú.

En este libro encontrarás emociones que ya conoces y otras que en algún momento sentirás: nadie puede elegirlas, porque si así fuera, solo verías a gente feliz. Existen unos médicos que estudian durante cuánto tiempo las emociones se quedan dentro de nosotros y lo que nos enseñan es que el dolor se queda de buena gana en nuestro interior, y que echarlo cuesta un poco de trabajo; por contrario, la felicidad hay que buscarla: empieza tu viaje de descubrimiento y luego decide con qué emociones quedarte y cuáles quieres dejar que se vayan.

Simona

INSTRUCCIONES DE USO

Este es un libro para leer, pero también para escribir, dibujar, pintar, pegar e incluso para que lo cierres, ya que en algunas páginas se te pedirá jugar con tu cuerpo. La idea es explorar nuestras emociones y entenderlas, porque, cuando conseguimos comprender realmente cómo nos sentimos, somos más libres. Para hacerlo, pediremos ayuda a los mayores artistas de todos los tiempos, que nos acompañarán con sus obras para reconocer las emociones: las leeremos en las caras y en los gestos, pero también en los colores y las formas, e intentaremos entender cómo resuenan en nuestro interior.

A veces estarás de acuerdo conmigo y te reconocerás en la emoción que yo he visto, otras pensarás que no he entendido nada. No te preocupes; tú eres el protagonista de esta aventura entre arte y emociones, por eso puedes hacer lo que quieras. El libro solo es una guía, puedes empezar por la emoción que sientas en este momento, por la que más te llame la atención o por tu artista preferido, puedes comenzar por el final o saltarte la emoción que quieras. ¡No hay reglas! Solo tengo una recomendación: no caigas en la trampa de identificar el artista para siempre con la emoción con la que está emparejado. Ese artista seguramente ha explorado otros sentimientos, emociones e historias en su recorrido creativo, ¡te toca a ti investigar y descubrirlos!

TODO LO QUE NECESITAS EN ESTA AVENTURA ESTÁ DIBUJADO EN ESTA PÁGINA.

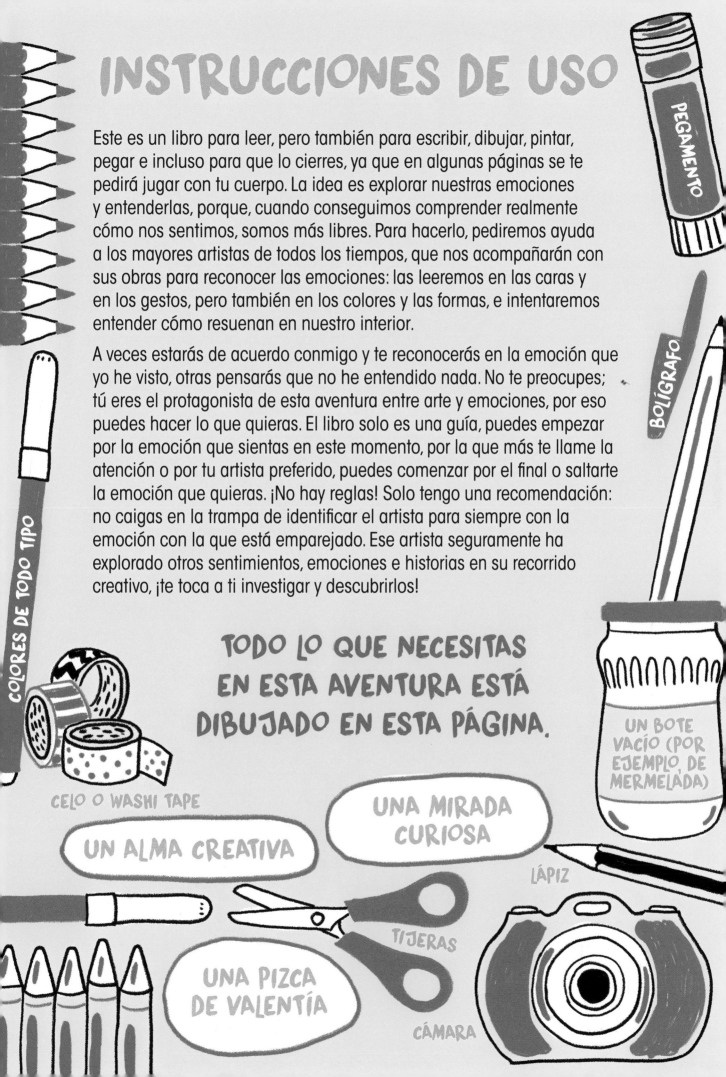

PEGAMENTO

BOLÍGRAFO

COLORES DE TODO TIPO

UN BOTE VACÍO (POR EJEMPLO, DE MERMELADA)

CELO O WASHI TAPE

UNA MIRADA CURIOSA

UN ALMA CREATIVA

LÁPIZ

TIJERAS

UNA PIZCA DE VALENTÍA

CÁMARA

Laocoonte, de Agesandro, Atenodoro y Polidoro

40/30 a. C.

0

LA LÍNEA DEL TIEMPO

1000

1400

1498/99

La Piedad, de Miguel Ángel

1500

La Virgen del jilguero, de Rafael

1506

Judit y Holofernes, de Caravaggio

Mujer leyendo una carta, de Vermeer

1597

1600

1650/60

1700

1800

La Libertad guiando al pueblo, de Delacroix

1818

El caminante sobre el mar de nubes, de Friedrich

1830

Hombre desesperado, de Courbet

1843/45

El beso, de Hayez

1859

Curiosidad, de Lega

1866

Baile en el Moulin de la Galette, de Renoir

1875/76

1876

1878

La absenta, de Degas

1880

Niña en un sillón azul, de Cassatt

1890

Eva, de Rodin

1891

Almendro en flor, de Van Gogh

1893

El circo, de Seurat

1894

La Guerra, de Rousseau

1900

El grito, de Munch

1905

Composición VII, de Kandinski

1913

Las tres edades de la mujer, de Klimt

1939

Las dos Fridas, de Frida Kahlo

FELICIDAD

PARA TI,
¿DE QUÉ COLOR
ES LA FELICIDAD?

No importa qué tiempo haga en el exterior o qué esté pasando en el mundo, cuando sientes felicidad tienes un sol en tu interior que, además de llenarte profundamente, se expande fuera de ti irradiando y calentando a todos los que están a tu alrededor. Es una emoción tan fuerte que no puedes dejar de reír, saltar, correr y abrazar. Su intensidad puede llegar a ser tan fuerte e incontenible hasta desbordarse e ¡incluso hacerte llorar de felicidad! Es un instante de eternidad: no existe el antes y el después, solo el aquí y ahora.

PIERRE-AUGUSTE RENOIR
BAILE EN EL MOULIN DE LA GALETTE

Es un día de primavera, soleado pero aireado. La luz atraviesa las hojas de los árboles y en la terraza del Moulin de la Galette, un famoso local en la colina de Montmartre, se encuentra un gran grupo de jóvenes parisinos: bailan, charlan, beben. Un hombre fuma en pipa, una madre juega con su hija, varias parejas bailan abrazándose, algunos observan, otros hablan en un ambiente festivo, todos parecen felices y despreocupados.

LA OBRA

El *Baile en el Moulin de la Galette* es la obra más importante y conocida de Renoir. El pintor ilustra una escena de la vida cotidiana del París de su época; con un corte fotográfico reproduce el ambiente feliz y abrumador de una fiesta: las personas bailan, toman vino y charlan en compañía de los amigos. Renoir nos involucra tanto que, si prestamos atención, casi parece que podamos oír la música del local, el pulular de la gente, el tintineo de las copas, el frufrú de los vestidos de las mujeres. Como todos los impresionistas, Renoir ama pintar al aire libre: para trabajar en el exterior estos pintores se ven a menudo obligados a elegir telas de pequeñas dimensiones, más cómodas para el transporte. Sin embargo, en este caso, la pintura es considerablemente grande; aun así, el artista no renuncia a realizarla al aire libre. Sus amigos, conocidos y clientes del local posan para él, pero al final se verá obligado a acabarla en su estudio.

La técnica que usa es impresionista: ningún dibujo preparatorio, sino pequeñas pinceladas que se van superponiendo hasta llegar a componer formas y volúmenes. Hasta las sombras se llenan de color. La luz transforma continuamente el aspecto de las cosas y los artistas intentan captar esos cambios. Las diminutas manchas de color, contempladas desde la distancia justa, se vuelven a recomponer fragmento tras fragmento en la mirada del espectador.

EL ARTISTA

Pierre-Auguste Renoir (1841-1919) es uno de los principales exponentes del impresionismo, aunque en su enorme producción (¡más de 5.000 lienzos!) experimenta con diversas corrientes artísticas.

Lo que diferencia a Renoir de los otros impresionistas es la atención que dedica a la persona: mientras sus colegas están más interesados en el paisaje y la figura humana queda relegada al papel de mera comparsa, Renoir se siente más atraído por el ser humano y el paisaje se convierte en algo secundario.

El París chispeante de la *belle époque* es el escenario que inspira al artista y le lleva a pintar tanto retratos como escenas de la vida social de sus gentes, aunque el verdadero hilo conductor de todas sus obras lo constituyen la atención que dedica a la belleza y a la expresión de las ganas de vivir. Renoir, a través de sus cuadros, nos describe el calor, la humanidad, la alegría de los protagonistas, su manera de divertirse y los pequeños placeres de la vida, que están al alcance de todo el mundo.

COMPLETA EL DIBUJO

ACTIVIDAD

En esta época nacen los colores en tubos, herramientas fundamentales para unos pintores que, como los impresionistas, aman trabajar al aire libre.

¿Cuáles son los colores preferidos de Renoir? Colorea estos tubos con la paleta de colores que el artista ha usado en la pintura de las páginas anteriores.

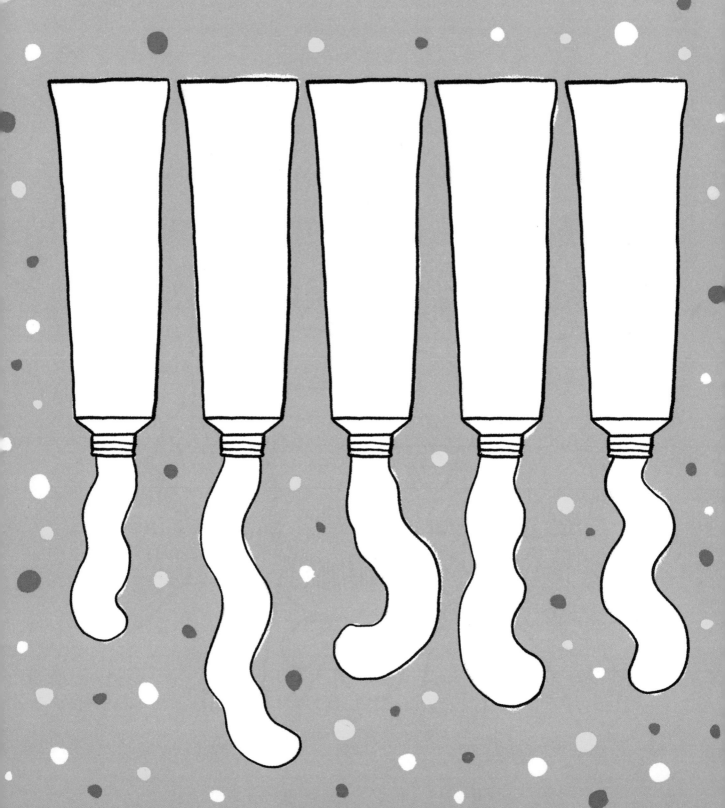

A Renoir le gusta pintar personas, especialmente mujeres, que son su tema preferido. Cuando dibujas o garabateas, ¿qué tema prefieres tú?

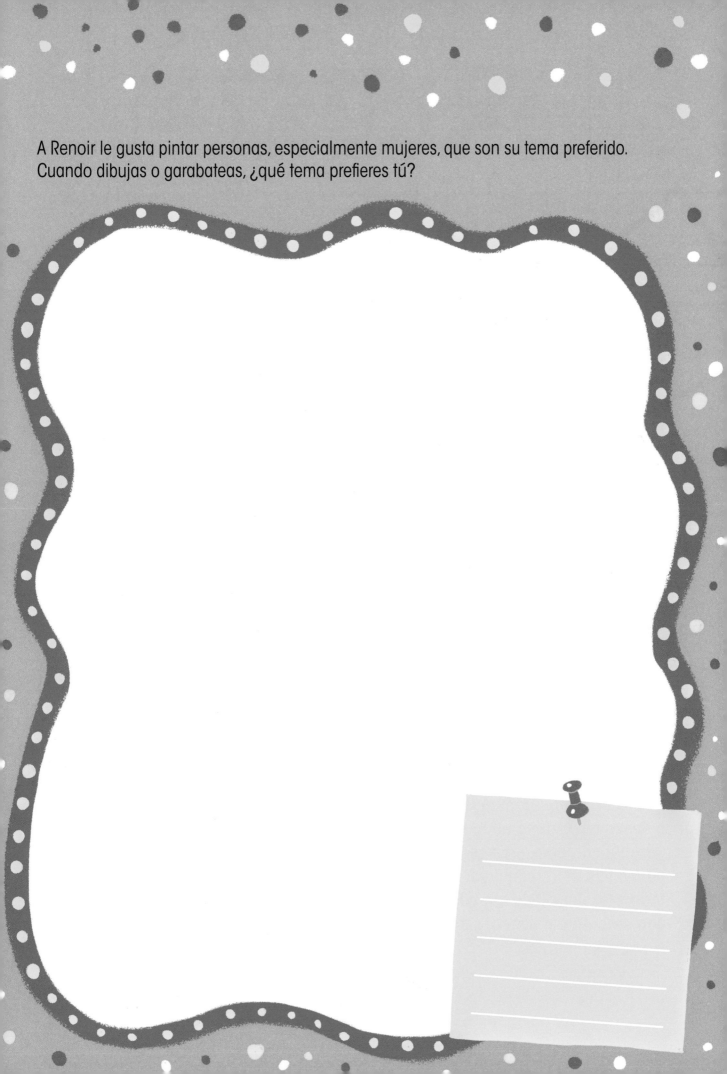

TRISTEZA

PARA TI,
¿DE QUÉ COLOR
ES LA TRISTEZA?

Cuando nos sentimos tristes, todo lo que nos rodea, por muy bonito que sea, no parece tener color ni olor. Las sonrisas están escondidas en un lugar inaccesible. La tristeza posee su propio tiempo, en el cual se vive en soledad, sin necesidad de hablar o actuar. Solo sentimos un agujero en nuestro interior que tampoco queremos llenar, porque a veces encerrarse en la tristeza es, paradójicamente, más cómodo. Cada uno posee sus estrategias para consolarse, todo está permitido sin pasarse: habla con un amigo o pasea, y deja que la tristeza se marche.

EDGAR DEGAS
LA ABSENTA

Una mujer está sentada en un bistró de París, va bien vestida (con un sombrero elegante, aunque parece humilde), tiene los brazos inertes al lado del cuerpo y los hombros muy caídos, su mirada es triste y se pierde en el vacío.

A su lado hay un hombre; están sentados en la misma mesa, pero sus miradas no se cruzan, se ignoran y no hay ninguna expectativa de que los dos empiecen a hablar. Observándolos, se entiende enseguida que no tienen ganas de conversar, sino únicamente de estar solos.

EDGAR DEGAS

LA OBRA

La escena tiene lugar en el interior de un local parisino, donde un hombre y una mujer beben absenta. Degas nos propone una perspectiva inesperada: en primer plano vemos las mesas de café y los dos protagonistas se encuentran en la esquina superior derecha. Sus sombras se reflejan en el espejo que hay a sus espaldas. Se trata de una toma fotográfica no tan inusual para Degas, a quien, como a los otros pintores impresionistas, le gustan estos encuadres innovadores y los puntos de vista poco habituales.

En contraposición con la pintura de Renoir, quien ha representado la vida cotidiana parisina, el ambiente en este lienzo no es alegre y festivo, sino más bien dominan la soledad y la tristeza. No conocemos la historia de esta mujer y el artista nos deja la posibilidad de imaginar todo lo que no nos dice.

La pintura se titula *La absenta*, que es el nombre de un licor, probablemente el que está tomando la mujer, gracias al indicio de la botella vacía en la mesa de al lado. Tal vez se haya bebido casi toda la botella intentando aturdir sus tristes pensamientos, ¡una muy mala costumbre! Incluso los tonos que el artista decide usar hablan de tristeza, ya que se trata de una paleta gris, monótona, con pocos colores y todos de la misma gama, que van desde el gris hasta el beis pasando por el negro, sin encenderse nunca ni dejar paso a la esperanza.

EL ARTISTA

Edgar Degas (1834-1917) es uno de los principales pintores impresionistas. Nace en una familia rica y culta, lo que le permite crecer frecuentando los ambientes más exclusivos de la ciudad, como la ópera y el hipódromo, que se convierten en algunos de los temas preferidos de sus pinturas, junto con los cafés y las escenas de la vida cotidiana. Con los otros impresionistas tiene en común ideas e intuiciones, pero en general se mantiene un poco al margen: como ellos, pinta con pequeñas pinceladas de color, pero también presta mucha atención al dibujo.

Es especialmente conocido por sus bailarinas y sus retratos. Aunque le guste la naturaleza, como a todos sus colegas, que pintan *en plein air* («al aire libre»), Degas prefiere los interiores de las salas de baile, donde puede observar y estudiar las formas y los movimientos de las bailarinas, concentrarse en el espacio y en perspectivas insólitas. Considera que los cuerpos humanos pueden tener la misma expresividad que un rostro.

COMPLETA EL DIBUJO

ACTIVIDAD

La danza es el tema que más ha pintado Degas. ¿Qué deporte practicas tú?
Dibuja en este espacio en blanco tu deporte preferido… ¡y recuerda que practicar
actividad física puede ayudarte a salir de la tristeza!

Si estas dos personas hubiesen empezado a hablar, seguramente se hubiesen sentido mejor. Piensa a quién podrías llamar para mejorar tu ánimo cuando te sientas triste. Telefonea a esta persona y habla con ella.

¿CÓMO SE LLAMA?

_____

¿DE QUÉ HABÉIS HABLADO EN LA LLAMADA?

_____

_____

_____

_____

_____

_____

_____

SERENIDAD

PARA TI, ¿DE QUÉ COLOR ES LA SERENIDAD?

Es un día de vacaciones tranquilo y soleado, entre otros muchos. Te sientes bien y seguro, estás haciendo algo que te gusta. No desearías encontrarte en ningún otro lugar. Tu voz es ligera, tus manos están tranquilas, notas las piernas relajadas. Todo lo que necesitas está ahí contigo. Estás experimentando lo bonito que es hallarse en armonía (¡una palabra difícil!): todo se encuentra en un equilibrio justo y placentero, todo posee un sabor auténtico. ¿Recuerdas haberte sentido así alguna vez? Aférrate a ese recuerdo y no lo olvides nunca, es un verdadero tesoro.

RAFAEL SANZIO
LA VIRGEN DEL JILGUERO

Es una tarde ociosa al aire libre: María está sentada en una roca, tiene un libro en la mano pero no lee; está distraída, dirige su mirada hacia abajo, observa a los dos niños que están a sus pies, Juan y Jesús, que juegan con un jilguero. Reina una armonía simple y perfecta, la serenidad de María impregna toda la pintura y llega hasta nosotros como espectadores.

RAFAEL SANZIO

LA OBRA

La Virgen del jilguero es diferente con respecto a las imágenes sagradas más comunes. Es una escena llena de humanidad: la mirada de María está repleta de amor; su brazo, liviano y lleno de ternura, toca la espalda de un Juan bebé, y la delicadeza con la cual los niños acarician el jilguero son elementos que atrapan a todo espectador de esta obra maestra desde hace más de quinientos años. María es la personificación de la serenidad, vive el momento presente, el cuidado de los niños y el tiempo placentero que pasa con ellos, sin ninguna señal de preocupación por el futuro. Hasta el paisaje, aunque sea secundario y distante, contribuye a crear un clima de serenidad y tranquilidad.

Hoy día nos quedamos aún prendados por la perfección del momento que se representa, por la fuerza de su simplicidad y armonía, pero no hay que olvidar que detrás del resultado final hay una investigación y un cuidado casi maniáticos por parte de Rafael sobre la armonía de la composición, la postura de las figuras, las proporciones entre las formas y los detalles, elementos que, al contemplar esta obra maestra, casi se nos olvidan.

EL ARTISTA

Rafael Sanzio (1483-1520) es uno de los pintores más famosos del Renacimiento, por no decir de toda la historia del arte. Nace en Urbino (Italia) y su padre, también pintor, lo educa en el estudio del arte. Se convierte en discípulo de El Perugino, un gran artista de la época, y con él aprende muchísimo, pero con tan solo diecisiete años deja su taller y empieza su actividad de pintor con el título de «maestro». Y como se suele decir: ¡el discípulo supera al maestro!

Cuando llega a Florencia, allí están trabajando dos gigantes de la historia del arte: Leonardo da Vinci y Miguel Ángel. Sin embargo, Rafael no se desanima, sino que, más bien, con su talento y buen carácter se acerca a ellos para aprender todo lo posible, hasta alcanzarlos en excelencia y obtener la misma fama que ellos. Muere joven, con tan solo treinta y siete años, pero durante su breve vida pinta extraordinarias obras maestras y obtiene encargos de personajes muy importantes.

COMPLETA EL DIBUJO

ACTIVIDAD

Para realizar este lienzo, Rafael utiliza la técnica del estarcido: primero realiza el dibujo en un cartón y luego lo transfiere a una tabla de madera. Antes de nada agujerea el dibujo realizado en el cartón con una aguja a lo largo de las líneas del contorno, luego lo coloca sobre la madera tras haberlo impregnado con un color en polvo, y así deja unas líneas hechas de puntitos en la superficie de la madera que reproducen el dibujo original. ¡Intenta experimentar tú también con esta técnica!

1. ELIGE UN DIBUJO QUE QUIERAS REPRODUCIR Y FOTOCÓPIALO.

2. PERFORA LAS LÍNEAS DEL CONTORNO CON UN INSTRUMENTO CON PUNTA (AGUJA, PUNZÓN...).

3. COLOCA EL DIBUJO YA PERFORADO ENCIMA DE UN CARTÓN Y TAM-PÓNALO CON UN COLOR EN POLVO.

4. UNE LOS PUNTITOS Y PINTA EL DIBUJO RESULTANTE.

Pinta el dibujo siguiendo el código: a cada número le corresponde un color.

ENFADO

PARA TI, ¿DE QUÉ COLOR ES EL ENFADO?

Cuando llega, el enfado se impone con violencia y hasta puedes encontrarte a ti mismo haciendo cosas que sabes que no están bien. Antes o después nos pasa a todos y significa que hay algo que te ha causado (o corres el riesgo de que así sea) un dolor: el enfado es un mecanismo de defensa.

Es una emoción tan fuerte y amarga como inevitable; intenta solo que no te abrume ni te domine.

Busca una manera para desahogarte que no te haga daño ni a ti ni a los demás y luego, cuando recuperes un poco de serenidad, intenta encontrar cuál ha sido la causa. No es sencillo pero, si lo consigues, habrás hallado la clave para llegar a ser dueño de ti mismo.

HENRI ROUSSEAU
LA GUERRA

Una mujer monta a la mujeriega un caballo negro y salvaje, lleva en la mano una espada y una antorcha humeante; su cara, deformada por una mueca, casi parece una máscara. A su alrededor solo hay muerte y desesperación. El caballo se representa volando por encima de un montón de cadáveres a punto de ser devorados por unos cuervos. Hasta la misma naturaleza está devastada: los árboles están vacíos y las ramas rotas.

LA OBRA

El cuadro de Rousseau no cuenta un hecho histórico concreto, más bien es la representación de lo que significa la guerra para él, que luchó en una y la vivió de cerca.

La mujer está dominada por la cólera con los brazos hacia arriba y el pelo erizado en la cabeza; hasta el caballo parece furioso, con el pelo erizado y la lengua fuera.

Los colores llaman la atención: la mujer lleva un vestido blanco, el cielo es azul, pero las nubes son rojas y se ciernen sobre la escena. En el resto del cuadro prevalecen los colores oscuros: negro, gris y varias tonalidades de marrón.

El caballo representaría la guerra, mientras que los cuerpos mutilados y los cadáveres que yacen debajo de él serían las consecuencias y los horrores que conlleva cada conflicto.

No se muestran las emociones de los personajes a través de sus caras, sino con sus cuerpos: las posiciones rígidas y las tensiones físicas les confieren una expresividad dramática.

EL ARTISTA

Henri Rousseau (1844-1910) es un pintor originario de Laval, en el norte de Francia, que nació en una familia humilde. Trabajó durante mucho tiempo en la aduana de París y por esta razón se le conoce con el apodo de «Aduanero». Empieza a pintar con cuarenta años y es un artista autodidacta, lo que significa que no tuvo la posibilidad de estudiar formalmente Pintura y Bellas Artes, sino que aprendió solo. A pesar de esto, fascinó al público, a los críticos y a artistas prestigiosos con su estilo inusual, la energía que emana de sus obras y la libertad expresiva, que lo sitúa fuera de cualquier escuela y convención. Se dice que Picasso vio un cuadro suyo entre las cosas de un vendedor ambulante —que acabó dejándoselo por poco dinero—, argumentando que podía usarlo como lienzo y pintar encima de él. Sin embargo, Picasso quedó tan impresionado por su técnica que organizó una fiesta en su taller para darlo a conocer a sus amigos y colegas. La obra de Rousseau es singular, está fuera del tiempo y de las normas establecidas, pero tendrá una gran influencia sobre muchos artistas y corrientes posteriores a él, como el cubismo y el surrealismo.

COMPLETA EL DIBUJO

ACTIVIDAD

Indica en el termómetro lo enfadado que te sientes y escribe en el espacio vacío el porqué. Vuelve a hacerlo a diario durante una semana y registra la «temperatura» de tu enfado.

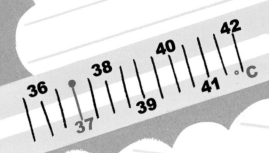

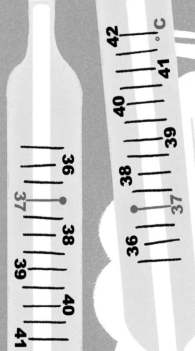

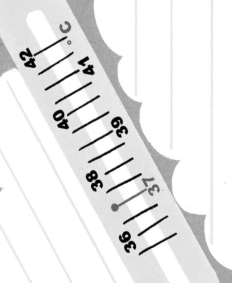

¿Dónde sientes el enfado?

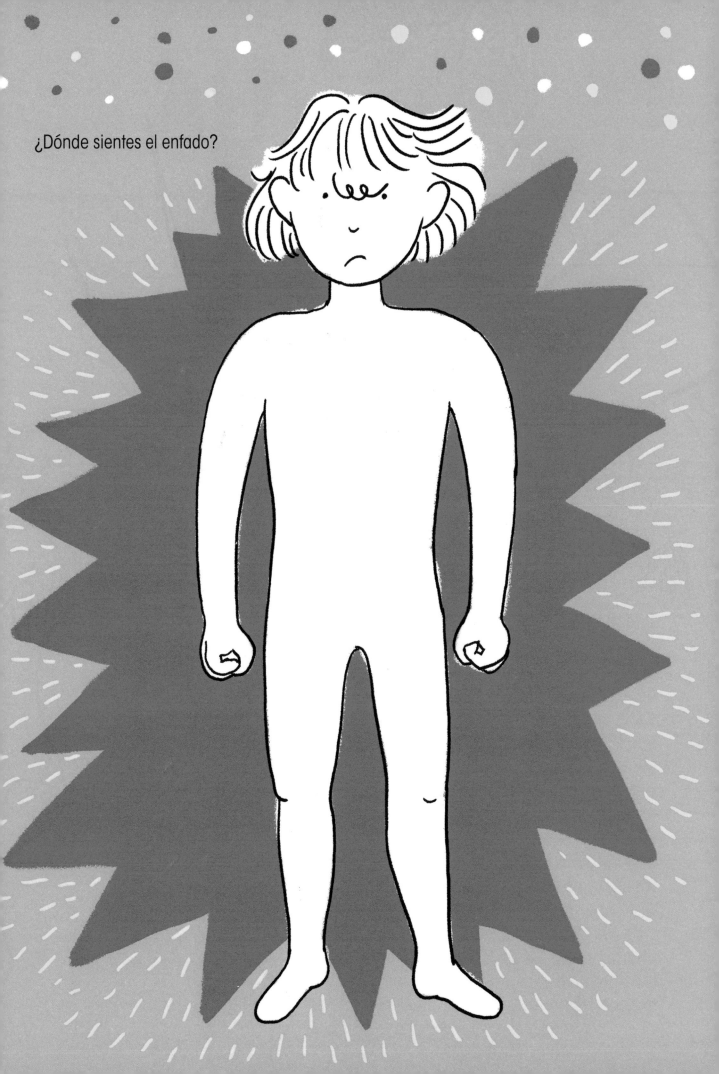

VALENTÍA

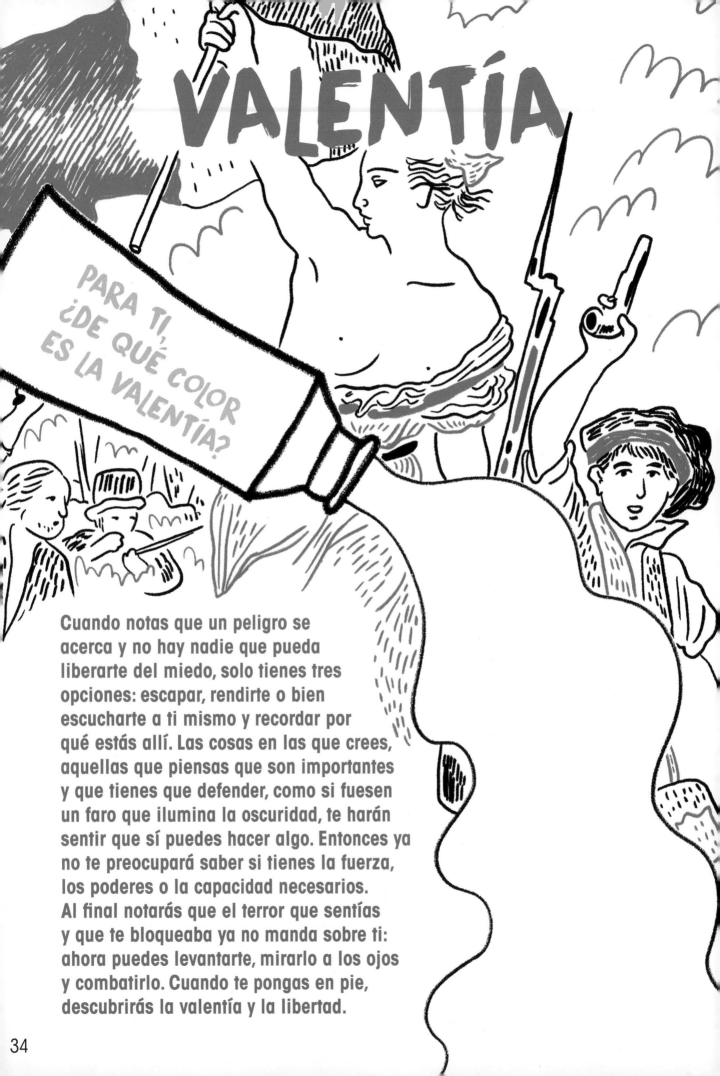

PARA TI,
¿DE QUÉ COLOR
ES LA VALENTÍA?

Cuando notas que un peligro se
acerca y no hay nadie que pueda
liberarte del miedo, solo tienes tres
opciones: escapar, rendirte o bien
escucharte a ti mismo y recordar por
qué estás allí. Las cosas en las que crees,
aquellas que piensas que son importantes
y que tienes que defender, como si fuesen
un faro que ilumina la oscuridad, te harán
sentir que sí puedes hacer algo. Entonces ya
no te preocupará saber si tienes la fuerza,
los poderes o la capacidad necesarios.
Al final notarás que el terror que sentías
y que te bloqueaba ya no manda sobre ti:
ahora puedes levantarte, mirarlo a los ojos
y combatirlo. Cuando te pongas en pie,
descubrirás la valentía y la libertad.

EUGÈNE DELACROIX
LA LIBERTAD GUIANDO AL PUEBLO

¿Quién será esta joven mujer con el vestido desgarrado que encabeza una multitud de rebeldes, agarra un fusil con una mano y con la otra ondea con orgullo la bandera francesa? Es el símbolo de la Libertad y de la valentía de un pueblo que se rebela ante un régimen autoritario y lucha para conquistar la independencia. En un segundo plano, se ve un París afligido, representado por uno de sus símbolos: la catedral de Notre Dame.

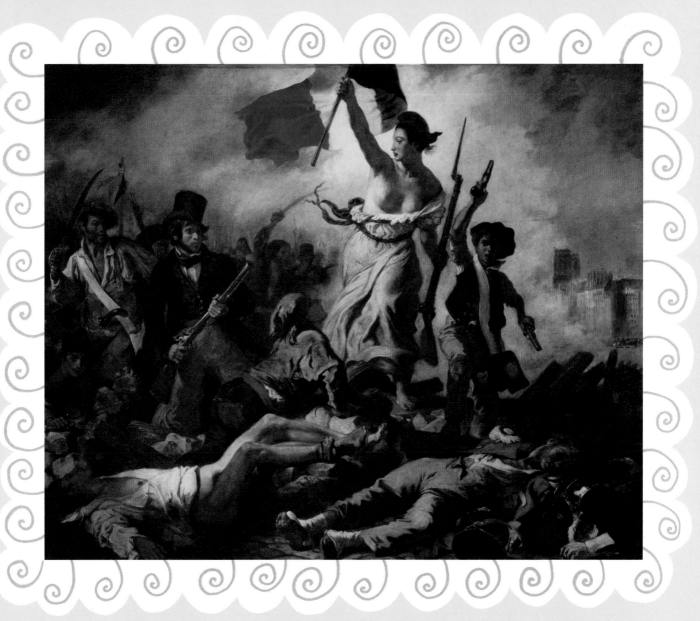

LA OBRA

La Libertad guiando al pueblo es un cuadro político, el primero de la época moderna: se considera como una especie de manifiesto del patriotismo y simboliza la rebelión y la lucha del pueblo para liberarse de un gobierno que ya no lo representa para poder así conquistar el bien más preciado: la libertad.

Delacroix se inspira en un hecho real: los movimientos revolucionarios parisinos de julio de 1830, cuando el pueblo se subleva contra la monarquía del rey Carlos X. El mismo Delacroix participa en el levantamiento y se siente tan implicado que se representa a sí mismo en el cuadro. ¡Se cree que el hombre con chaqueta y sombrero de copa es él!

Delacroix decide representar todo tipo de personas, ricos y pobres, intelectuales y obreros, todos juntos para defender los mismos ideales. En el centro, ella, la única figura que no es real, el símbolo de la Libertad. La composición tiene una estructura piramidal: todas las energías de los rebeldes convergen para sostener la valentía de la mujer y para defender la bandera, los puntos más altos de la obra.

EL ARTISTA

Eugène Delacroix (1798-1863) es uno de los gigantes del arte francés. Nacido en los suburbios de París, aprende a pintar con diecisiete años, tiene una formación clásica y es un estudiante aplicado. Es el principal exponente del romanticismo francés y en el centro de sus obras coloca uno de los grandes temas de esta corriente: el amor por la patria.

Es un artista polifacético que escribe, pinta, dibuja y hace ilustraciones; se trata de un hombre culto y curioso que no quiere someterse a las reglas establecidas por la Academia. Elige, pues, expresar en sus pinturas sus emociones y sus ideales con valentía, y afirmar la supremacía de los colores sobre el dibujo.

Interesado por la historia y la mitología, encuentra allí la inspiración de sus primeras obras. Después, algunos viajes a Marruecos y a Oriente le impactan profundamente, tanto que le sirven de inspiración para sus lienzos y le dan nuevas ideas y nuevos temas para sus pinturas.

COMPLETA EL DIBUJO

ACTIVIDAD

No es necesario hacer una revolución para demostrarse a uno mismo la valentía. No es necesario pisotear a los demás para afirmarse. Recuerda experiencias de tu vida y elige un pequeño acto de valentía que te hizo sentir libre.

En los tiempos de Delacroix el bien más preciado era la libertad. ¿Cuál es el ideal por el cual «lucharías» tú hoy en día? Escríbelo en las pancartas que sujetan estos chicos y chicas.

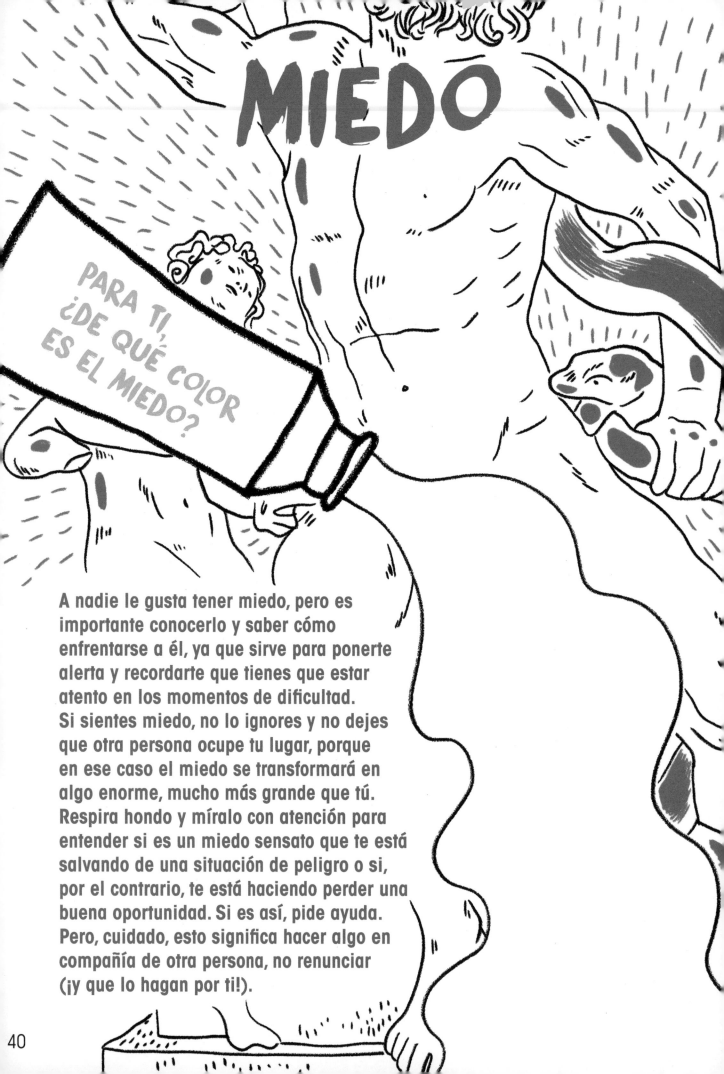

MIEDO

PARA TI,
¿DE QUÉ COLOR
ES EL MIEDO?

A nadie le gusta tener miedo, pero es importante conocerlo y saber cómo enfrentarse a él, ya que sirve para ponerte alerta y recordarte que tienes que estar atento en los momentos de dificultad. Si sientes miedo, no lo ignores y no dejes que otra persona ocupe tu lugar, porque en ese caso el miedo se transformará en algo enorme, mucho más grande que tú. Respira hondo y míralo con atención para entender si es un miedo sensato que te está salvando de una situación de peligro o si, por el contrario, te está haciendo perder una buena oportunidad. Si es así, pide ayuda. Pero, cuidado, esto significa hacer algo en compañía de otra persona, no renunciar (¡y que lo hagan por ti!).

AGESANDRO, ATENODORO Y POLIDORO
LAOCOONTE

El sacerdote troyano Laocoonte y sus hijos están a punto de ser estrangulados por unas monstruosas serpientes. El padre es un hombre fuerte y musculoso, pero tiene miedo tanto por sí mismo como por sus hijos. Es la pelea desesperada de las víctimas que luchan hasta el último aliento para domar a las serpientes. Captamos el miedo en sus caras, la tensión en sus cuerpos en el intento de librarse de la opresión letal, así como el horror y la angustia de un padre que está a punto de ver morir a sus hijos.

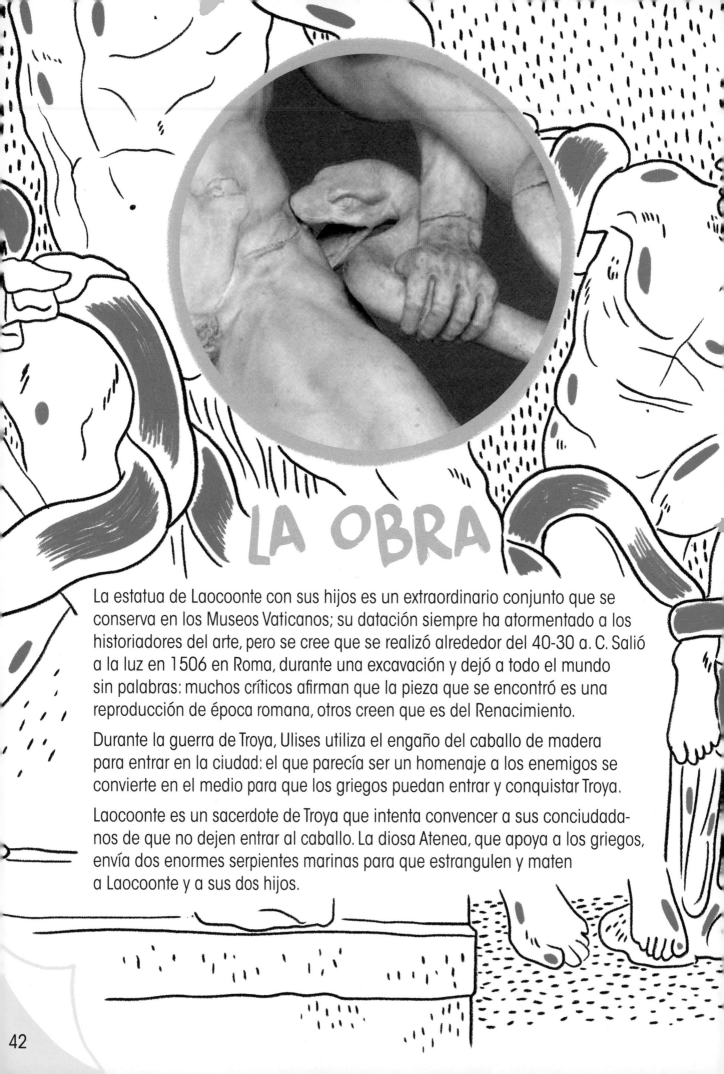

LA OBRA

La estatua de Laocoonte con sus hijos es un extraordinario conjunto que se conserva en los Museos Vaticanos; su datación siempre ha atormentado a los historiadores del arte, pero se cree que se realizó alrededor del 40-30 a. C. Salió a la luz en 1506 en Roma, durante una excavación y dejó a todo el mundo sin palabras: muchos críticos afirman que la pieza que se encontró es una reproducción de época romana, otros creen que es del Renacimiento.

Durante la guerra de Troya, Ulises utiliza el engaño del caballo de madera para entrar en la ciudad: el que parecía ser un homenaje a los enemigos se convierte en el medio para que los griegos puedan entrar y conquistar Troya.

Laocoonte es un sacerdote de Troya que intenta convencer a sus conciudadanos de que no dejen entrar al caballo. La diosa Atenea, que apoya a los griegos, envía dos enormes serpientes marinas para que estrangulen y maten a Laocoonte y a sus dos hijos.

LOS ARTISTAS

La obra está atribuida a Agesandro, Atenodoro y Polidoro de Rodas (siglo I a. C. - siglo I d. C.), tres artistas del mismo taller, cada uno con una sensibilidad y habilidades diferentes, que se cree que realizaron las tres partes del conjunto escultórico de forma separada. Solo posteriormente se habrían juntado las figuras gracias a las espirales formadas por los reptiles.

Plinio el Viejo atribuye la obra en uno de sus tratados a los tres escultores de Rodas, aunque no se sabe casi nada de ellos. Atenodoro, en principio, sería el hijo de Agesandro, y no se excluye que Polidoro también lo fuese. Lo que sí sabemos es que se trata de una escultura del período helenístico y que durante este período se buscaba capturar momentos dramáticos y expresivos que encarnaran emociones y representaran el movimiento y el dinamismo. Hasta entonces, en la época clásica, se había buscado más bien la armonía, representada por la proporción perfecta de los cuerpos y un canon de belleza universal.

COMPLETA EL DIBUJO

ACTIVIDAD

¿Has jugado alguna vez a *Twister*? Elige un mínimo de dos compañeros de juego, ponte ropa cómoda y quítate los zapatos. Experimenta la torsión de tu cuerpo y enredos extravagantes con él y el de tus compañeros, como se ve en estos dibujos. Intentad representar la postura de la estatua, pero inventad también otras.

A veces el miedo es justo la sensación de encierro, bloqueo, la incapacidad de moverse. Imagínate en el centro de este laberinto, dominado por el miedo, respira hondo tres veces e intenta buscar la salida. ¡La encontrarás!

TERNURA

PARA TI, ¿DE QUÉ COLOR ES LA TERNURA?

Cada vez que ves un cachorro experimentas un deseo dulce e irresistible de cogerlo en brazos, acariciarlo, protegerlo. Aunque te arañara o te mordisqueara la mano, no tendrías miedo, sino que sonreirías, impidiéndole con delicadeza que te hiciera daño.

Esto pasa porque eres mucho más fuerte que él y no te sientes amenazado; al contrario, ves la parte buena de lo que hace, aunque sea travieso.

Es la misma ternura que siente cada madre al mirar a su hijo, preparada para protegerlo del dolor y defenderlo con la fuerza de su amor.

GUSTAV KLIMT
LAS TRES EDADES DE LA MUJER

Una niña se abandona en los brazos de su madre y se duerme: la cara está relajada, la manita abierta sobre el pecho de la joven mujer, lista para aferrarse a ella en caso de necesidad; su cuerpo lo sostienen las manos, grandes y fiables, de la madre. La mujer también tiene los ojos cerrados y, con los rasgos de la cara distendidos, inclina su cabeza para acoger la de la niña. Existe el mayor contacto posible, es un abrazo que no deja espacios vacíos.

LA OBRA

En *Las tres edades de la mujer*, Klimt inmortaliza el paso del tiempo, representándolo con tres mujeres de diferentes edades: una niña, una madre y una anciana, tal vez la abuela.

Las figuras están retratadas fuera del tiempo y del espacio, no existen ni una historia, ni un momento o un lugar que describir; el fondo está decorado con figuras geométricas, que no nos cuentan nada de la vida de estas tres mujeres. Lo que tenemos delante es la representación de las tres estaciones de la vida descritas a través de los cuerpos: delicado y tierno el de la niña; maduro pero fuerte, el de la joven mujer; cansado y con las marcas de la edad, el de la anciana.

En el centro de la escena están la joven madre y la hija, unidas por el abrazo más tierno de toda la historia del arte. Parecen serenas, felices y satisfechas, rodeadas por flores estilizadas. La anciana está cerca, pero no en contacto directo con ellas, excepto por algún mechón de su pelo gris; no vemos ni siquiera su cara, simplemente contemplamos su cuerpo cansado y flácido, como si estuviera preparada para salir de la escena de un momento a otro.

EL ARTISTA

Gustav Klimt (1862-1918) nace en Viena, Austria; es famoso por el estilo decorativo de sus obras. Su padre era orfebre, por ello Klimt tiene la ocasión de dar sus primeros pasos en el mundo del arte en el seno de su familia; siente pasión por el dibujo, pero también por las artes decorativas y la música. Con catorce años entra en la Escuela de Artes Aplicadas de su ciudad.

El joven Gustav obtiene desde un principio éxitos y reconocimiento. En 1894 recibe un importante encargo de la Universidad de Viena. A pesar de que sus trabajos obtienen muchas críticas, él continúa por un camino propio. Es un hombre tímido que rehúye de los compromisos.

Un viaje a Italia marca su obra artística: en los mosaicos bizantinos de Rávena descubre el oro, que, desde ese momento, entra a formar parte de su paleta de colores y se convierte en un elemento característico de su estilo.

Su producción incluye pinturas, murales y techos de edificios públicos, bocetos y objetos de arte; le encanta pintar, sobre todo mujeres.

COMPLETA EL DIBUJO

49

ACTIVIDAD

La ternura es un movimiento del alma que activa las ganas de proteger. ¿Hacia quién sientes ternura?

Pega aquí una foto o dibuja a alguien que te inspire ternura; no hace falta que sea un niño, puede ser también una persona mayor o un animal doméstico, o cualquier otro ser vivo.

Realiza tu versión de la obra *Las tres edades de la mujer* con la técnica del *collage*.
Ve a la página 139 y recorta los trozos que necesites.

ASCO

PARA TI, ¿DE QUÉ COLOR ES EL ASCO?

Sientes repugnancia cuando algo te da asco de verdad: puede pasarte con una comida, con un mal olor, con algo que veas o que te haya sucedido. Para alejarnos de esta sensación, todos reaccionamos de la misma manera: fruncimos la nariz, retrocedemos, miramos hacia otro lado, torcemos la boca. A menudo, tenemos razón y el asco nos demuestra con fuerza que hay cosas inaceptables; otras veces, se trata simplemente del miedo hacia alguna cosa nueva, que nos bloquea. En ese caso, tápate la nariz y corre el riesgo: podrías descubrir que, más allá del asco, hay algo que te gusta.

CARAVAGGIO
JUDIT Y HOLOFERNES

El cuadro retrata a un hombre justo antes de morir: tiene los ojos fuera de las órbitas, la boca abierta y el cuerpo aún fuerte y tenso. Una joven mujer lo está degollando bajo la mirada de su anciana criada. Se mantiene lejos del hombre y su cara expresa repugnancia, aunque cuesta entender si es por el acto que está realizando o por la sangre que salpica del cuello de su víctima. Una tela drapeada, de color rojo intenso, sirve de fondo a la dramática escena.

LA OBRA

La historia que cuenta Caravaggio es la de Judit y Holofernes, narrada en el Antiguo Testamento. La ciudad de Judit está asediada por los asirios, dirigidos por Holofernes. Así que ella idea un plan para matar al jefe del ejército enemigo: se cuela en su tienda, seduce a Holofernes con su belleza y lo emborracha. Una vez dormido, le corta la cabeza con un sable. A su lado está una mujer anciana, con la cara marcada por la edad: es la sierva de Judit, cómplice del asesinato.

La luz es la protagonista de esta obra sobre fondo negro. Al artista le encantaba pintar los fondos de ese color. La luz probablemente proviene de una ventana colocada en el lado izquierdo, la cual no vemos, pero sí intuimos, ya que de ese lado procede una luminosidad que ilumina los gestos y las expresiones que al artista le interesa destacar. En especial a Judit: la postura de la mujer parece incluso liviana, casi como si fuera una bailarina, pero la expresión de sus ojos y el rictus de su boca evidencian todo el dramatismo del acto que está realizando y el asco que siente.

Se dice que Caravaggio presta su rostro a Holofernes y que se trata de una especie de autorretrato: es una vanidad recurrente en el artista, una manera de firmar sus obras y afirmar así su identidad.

EL ARTISTA

Michelangelo Merisi, conocido como Caravaggio (1571-1610), toma su nombre del pueblo de su familia natal y es uno de los más importantes artistas de todos los tiempos. La suya es una vida turbulenta y llena de aventuras, llena de viajes, mudanzas, amigos y enemigos: dicen de él que era un alborotador y que por eso muchas veces se metía en líos que le llevaban a la cárcel.

Se forma en el taller de un artista reconocido y luego se muda a Roma, que era el centro del arte. Después de sobrevivir los primeros años como artista sin dinero, empieza a trabajar para ricos mecenas y recibe importantes encargos. Caravaggio, sin embargo, está más interesado en la vida real y se mueve en los ambientes más humildes de la ciudad, los mismos que le gusta representar en sus obras.

El realismo de las caras, la profundidad de los sentimientos que expresan y los claroscuros son característicos de su estilo. Pero es el uso de la luz lo que lo hace único. Según el artista, solo existe lo que la luz revela, es como si la usara para pintar, como si las formas cobrasen vida más a través de ella que del propio dibujo.

COMPLETA EL DIBUJO

ACTIVIDAD

Prepara una poción asquerosa: coge una taza y crea un brebaje terrible con ingredientes comestibles. Sal, limón, Coca-Cola, migajas de pan, café… todo lo que encuentres en la cocina. Usa la fantasía y una pizca de maldad.

Haz que la huela un miembro de tu familia y observa su reacción de asco.

Hay una mujer anciana al lado de Judit, en el lado derecho de la pintura: es su sierva y está mirando la escena con los ojos como platos. Su rostro está iluminado por la luz, como si el artista quisiera centrar también la atención en ella.

¿Qué estará pensando? Intenta describir sus pensamientos.

ESPERANZA

La esperanza es el deseo que llegue algo especial mañana o tal vez pasado. Es como la primera flor que brota en una rama en invierno, indiferente al frío que aún está al acecho. Es tan delicada como tenaz: su fuerza le viene del anhelo del sol y del regreso de la primavera. Es la misma energía que sientes cuando, a pesar del miedo y las dudas, quieres atreverte a hacer algo. La esperanza es como la luz que ahuyenta a la oscuridad: te hace sentir que ahora casi todo es posible y que algo bueno está a punto de pasar.

VINCENT VAN GOGH
ALMENDRO EN FLOR

Una rama de almendro en flor resalta sobre un fondo de color turquesa, un cielo sereno y límpido, el mismo de los días de invierno que anuncian la primavera. Las ramas están retorcidas y nudosas, como la vida misma, pero en todas ellas acaban de brotar flores de almendro de color blanco perla, frágiles y puras, y, aun así, son las protagonistas absolutas del cuadro, símbolos de renacimiento y de una nueva vida.

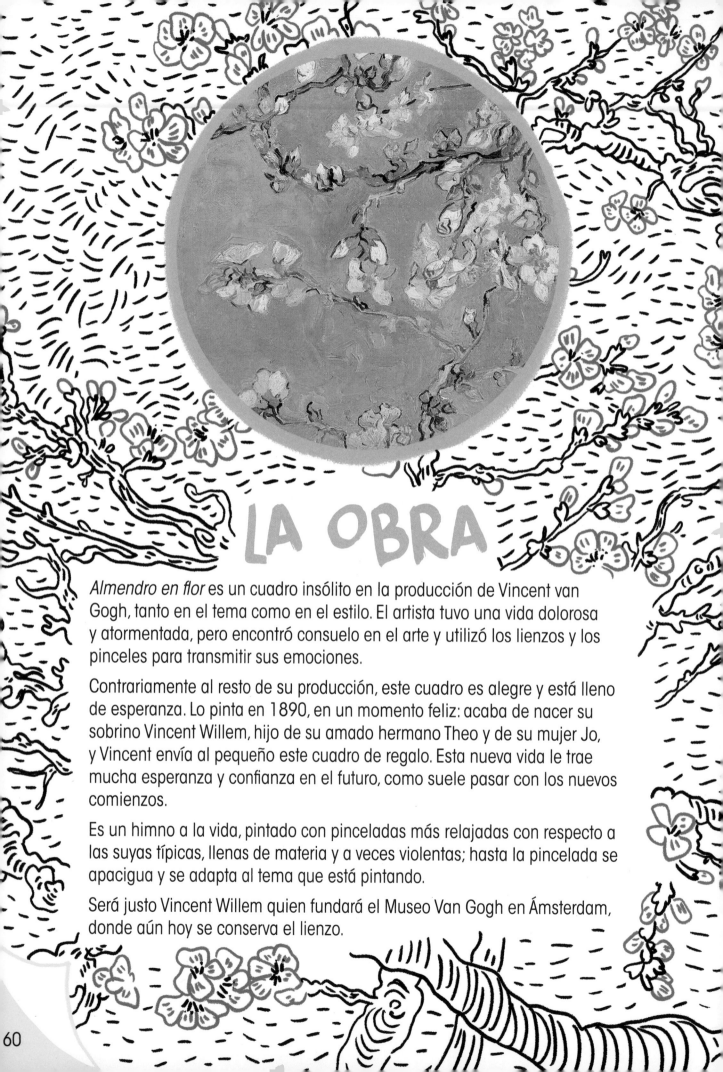

LA OBRA

Almendro en flor es un cuadro insólito en la producción de Vincent van Gogh, tanto en el tema como en el estilo. El artista tuvo una vida dolorosa y atormentada, pero encontró consuelo en el arte y utilizó los lienzos y los pinceles para transmitir sus emociones.

Contrariamente al resto de su producción, este cuadro es alegre y está lleno de esperanza. Lo pinta en 1890, en un momento feliz: acaba de nacer su sobrino Vincent Willem, hijo de su amado hermano Theo y de su mujer Jo, y Vincent envía al pequeño este cuadro de regalo. Esta nueva vida le trae mucha esperanza y confianza en el futuro, como suele pasar con los nuevos comienzos.

Es un himno a la vida, pintado con pinceladas más relajadas con respecto a las suyas típicas, llenas de materia y a veces violentas; hasta la pincelada se apacigua y se adapta al tema que está pintando.

Será justo Vincent Willem quien fundará el Museo Van Gogh en Ámsterdam, donde aún hoy se conserva el lienzo.

EL ARTISTA

Vincent van Gogh (1853-1890) fue un artista único durante la segunda mitad del siglo XIX; su personalidad y su arte abrumaron a todo el mundo, acabó con lo anterior a él y cambió las reglas del gran juego de la pintura.

Nacido en Holanda, se trata de un artista autodidacta. Es un profundo conocedor del arte del pasado y del contemporáneo a él, pero, aun así, su obra no se parece a la de nadie.

Vincent siente que no se le acepta por lo que es, se considera diferente y por eso busca en el laberinto de su alma y en sus emociones, donde encuentra los colores y las formas para contar cómo percibe el mundo. Retrató su cara en un lienzo treinta y siete veces, nos ha llevado a su habitación, nos ha enseñado la naturaleza tal y como él la ve, nos ha revelado su vida interior. Su gran generosidad a la hora de hablar de sí mismo nos obliga a sincerarnos ante sus cuadros y a descubrir a través de su obra algo de nosotros mismos.

COMPLETA EL DIBUJO

ACTIVIDAD

Escribe en un papelito una esperanza futura, algo que esperes que pase; dóblalo hasta obtener una forma alargada y estrecha. Cuando tengas la ocasión, átalo a la rama de un árbol y entrega tu esperanza a la naturaleza. Si tienes más de un papelito, no dudes en atarlos todos.

¿Quieres aprender a dibujar unas flores preciosas? Sigue los pasos del siguiente tutorial.

ANGUSTIA

PARA TI, ¿DE QUÉ COLOR ES LA ANGUSTIA?

Quisieras irte o volver adonde estabas. Quisieras gritar, pero no sabes por qué: la voz no te sale de la garganta. Necesitarías una caricia, pero solo están tus manos y se quedan inmóviles en tu cara. Parece una pesadilla muy fea, y el hecho de que estés dormido o despierto no cambia nada: la angustia no te permite entender la diferencia. Te hace sentir pequeño, débil e indefenso. Es difícil salir de una pesadilla, hasta incluso después de despertarte: la angustia a menudo se queda contigo. Poder contar la pesadilla acompañado por un cálido abrazo siempre te hace sentir bien y, si no encuentras las palabras adecuadas, puedes intentarlo con un color o una forma. Así podrás enfrentarte a ella y seguir tu camino.

EDVARD MUNCH
EL GRITO

Estamos al final del día, a la hora del ocaso, cuando el sol desciende y el cielo se tiñe de rojo. Un hombre con la boca abierta de par en par se aguanta la cara con las manos y grita. Se asemeja a una calavera. En el fondo se distinguen otras dos figuras, pero parecen del todo indiferentes a lo que está pasando. Tal vez ni siquiera lo estén viendo. Parece que podamos oír ese grito desesperado, la imagen más angustiosa de toda la historia del arte.

EDVARD MUNCH

LA OBRA

El grito es lo que se define como un icono, una imagen célebre y reconocida en todo el mundo que ha inspirado a otros artistas, incluidos directores de cine e caricaturistas. Se ha convertido en la representación por antonomasia del miedo y de la angustia.

Munch lo pintó en cuatro versiones diferentes, dos en pastel y dos en pintura. Dos de estos cuadros fueron robados y después recuperados. ¡Los ladrones llegaron a pedir un rescate para devolverlos!

La inspiración para este cuadro le vino a Munch durante un paseo. Nos lo cuenta en su diario: el cielo se tiñe de rojo sangre y de repente lo invade la tristeza, seguida por la angustia. Siente como si se le abriera una herida profunda en el pecho y un grito muy fuerte atravesara la naturaleza. Las líneas y el color contribuyen a potenciar la emoción. Las líneas curvas se convierten en una especie de vórtice encima de la cabeza de la figura, mientras las líneas en diagonal parecen perforarla. Y, por último, los colores: el rojo sangre y el naranja del cielo, en un violento contraste con los tonos oscuros y sombríos, los verdes y los azules de los remolinos y el negro de la ropa de la figura, colores cálidos que se enfrentan a colores fríos, los colores de la vida opuestos a los del miedo y de la angustia.

EL ARTISTA

Edvard Munch (1863-1944) es un artista noruego que tuvo la vida más triste de toda la historia del arte. Nacido en una familia muy pobre, junto a los sufrimientos derivados de esta condición, tiene que enfrentarse a muchas pérdidas. Su madre y su hermana mueren de tuberculosis cuando solo es un niño. Él mismo tiene una salud muy débil.

Estudia ingeniería, pero prefiere el arte: allí encuentra consuelo a sus tormentos y al miedo a la muerte y a la enfermedad. Su padre desaprueba su pasión y le pone trabas, ¡hasta parece que llegó a destruir algunos de sus cuadros! Cuando Edvard consigue una beca y se muda a París, cree, por fin, haber encontrado un poco de paz, pero al poco tiempo su padre muere. No duda en relatar a través de su obra todos los dolores de su vida, expresa sentimientos y emociones a través del color y de audaces pinceladas: es lo que se define como un expresionista. Muchas de sus obras tienen como título una emoción: desesperación, melancolía, ansiedad, celos.

COMPLETA EL DIBUJO

ACTIVIDAD

Aquí tienes una página toda para ti, para expresar un momento o un recuerdo angustioso. No hace falta que sea un dibujo ni que represente algo real.

Imagina la angustia como un ovillo de lana, busca el punto de partida en su centro y recorre el camino que te liberará de esta emoción dolorosa.

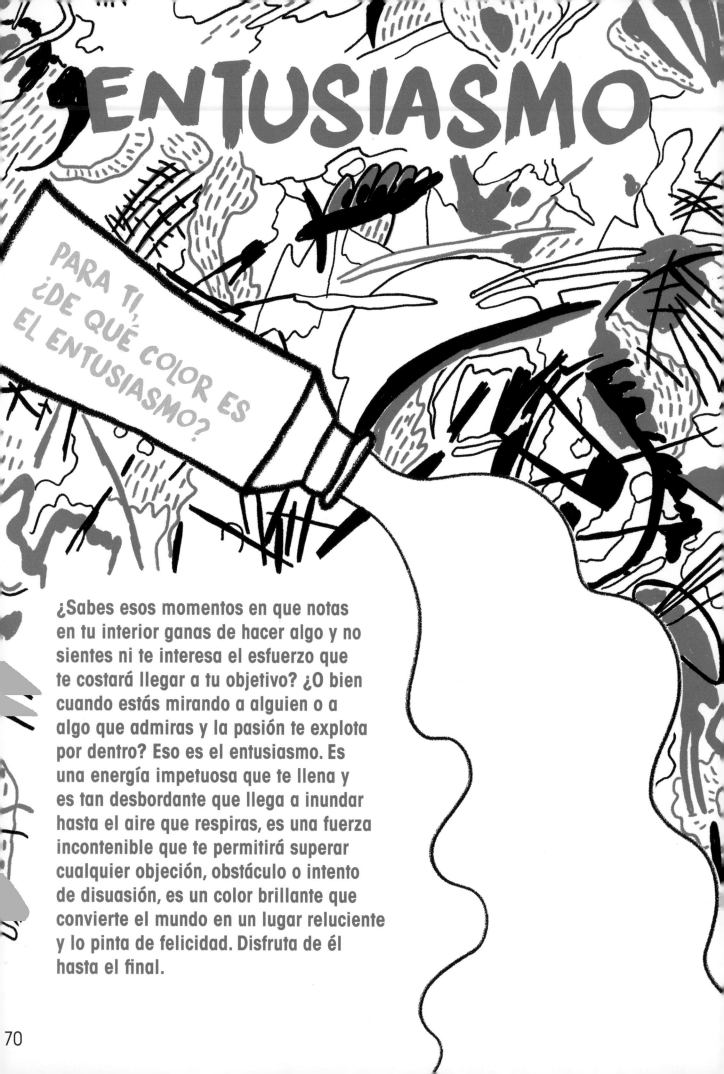

ENTUSIASMO

**PARA TI,
¿DE QUÉ COLOR ES
EL ENTUSIASMO?**

¿Sabes esos momentos en que notas en tu interior ganas de hacer algo y no sientes ni te interesa el esfuerzo que te costará llegar a tu objetivo? ¿O bien cuando estás mirando a alguien o a algo que admiras y la pasión te explota por dentro? Eso es el entusiasmo. Es una energía impetuosa que te llena y es tan desbordante que llega a inundar hasta el aire que respiras, es una fuerza incontenible que te permitirá superar cualquier objeción, obstáculo o intento de disuasión, es un color brillante que convierte el mundo en un lugar reluciente y lo pinta de felicidad. Disfruta de él hasta el final.

VASILI KANDINSKI
COMPOSICIÓN VII

Una explosión de formas y de colores, cruces de líneas y signos, de manchas y diseños, que vienen hacia nosotros con una potente energía que nace desde el centro y que presiona para salir. Nuestro ojo intenta identificar formas y dar un sentido a este júbilo de colores, pero no hay ninguna historia que entender, el colorido caos aparente frente al cual nos encontramos tiene sentido en sí mismo, es puro entusiasmo, energía vital.

LA OBRA

Kandinski cree que existe una relación entre emociones, formas, colores y música, y se acerca a las composiciones pictóricas como si tuvieran un carácter musical; incluso los títulos que da a las obras recuerdan a la música, como precisamente esta *Composición VII*. El pintor ruso considera que el triángulo expresa agresividad; el cuadrado, la calma; el círculo, sentimientos espirituales; también cree que el amarillo derrocha energía y suena como una trompeta, que el azul nos transmite calma y suena como una flauta, que el rojo nos hace sentir la fuerza vital y suena como una tuba, y con todos estos elementos compone sus obras.

¿Qué representa esta pintura? Esta pregunta no tiene sentido, ya que al artista no le interesaba retratar un sujeto reconocible, sino emociones, sentimientos y energías espirituales.

Hoy en día no es extraño ver pinturas como esta, estamos acostumbrados al arte abstracto y a artistas que utilizan formas y colores para expresar lo que sienten y a desencadenar así sugestiones y respuestas emocionales en el espectador, tal como hizo Kandinski. Pero en su época fue una verdadera revolución, porque puso en tela de juicio todo lo que el arte, como representación de la realidad, había establecido hasta ese momento.

EL ARTISTA

Vasili Kandinski (1866-1944) nace en Rusia, pero viaja durante toda su vida y se muda a diferentes países de Europa. Se acerca a la pintura y a la música gracias a su tía y aprende a tocar el piano y el violonchelo. Sus padres hubiesen querido que fuera abogado, él se licencia y trabaja como profesor de Derecho, pero a los treinta años decide cambiar de rumbo y dedicarse a su pasión.

En 1896, durante un viaje a Moscú, queda deslumbrado por una exposición dedicada a los impresionistas franceses. Su arte se ve influenciado por estos pintores, pero también por músicos, compositores y filósofos a quienes va encontrándose y con quienes comparte experiencias durante sus numerosos viajes por Europa.

A él le debemos el comienzo de lo que se denomina arte abstracto, ya que suya es la primera obra de la historia moderna de esta expresión artística. Kandinski considera que el arte no tiene la necesidad de un tema concreto, sino que se pueden usar simplemente formas y colores.

COMPLETA EL DIBUJO

ACTIVIDAD

Lo extraordinario de las obras de Kandinski es que el pintor convierte al observador en protagonista. No nos dice lo que tenemos que ver o sentir en sus obras, sino que nos da la libertad de interpretar y de vivir cada uno su propia experiencia.

¿Cómo te sientes tú frente a esta pintura? ¿Qué ves en ella?

Puedes darle incluso un nombre nuevo: escríbelo en el recuadro al final de la página.

Crea una composición usando solo puntos, líneas y formas, como hacía Kandinski. Puedes escoger hacerlo en blanco y negro o con colores, o bien con la técnica del *collage*, recortando formas y colores de revistas u hojas.

ABURRIMIENTO

PARA TI, ¿DE QUÉ COLOR ES EL ABURRIMIENTO?

¡Buf!

Te pasas el día haciendo lo que te dicen los demás y sueñas con el momento en que podrás hacer lo que quieras y entonces, cuando por fin tienes tiempo para ti, ¡te encuentras con el vacío! No hay nadie con quien jugar y las ideas se han desvanecido. No te pongas triste y no te rindas: tener libertad de elección puede parecer duro, pero solo hay que resistir un poco, esperar con paciencia y verás que pronto tendrás otra buena idea. Date tiempo para pensar y de la nada llegará una idea extraordinaria para sorprenderte.

MARY CASSATT
NIÑA EN UN SILLÓN AZUL

Una niña está tumbada en un sillón de color turquesa con una actitud de abandono: una mano detrás del cuello, la mirada perdida en el vacío y los labios cerrados. Su vestido blanco, su mantón de tela escocesa, las medias y el lazo a conjunto pierden elegancia en su postura descompuesta; no se trata de un momento de relax o descanso, sino que está claramente aburrida. En el sillón de al lado, su perrito, en cambio, se ha dormido.

LA OBRA

Niña en un sillón azul atestigua la relación que acaba de nacer entre la artista y los impresionistas. De hecho, esta pintura, junto con otras diez, se expone en la cuarta exposición impresionista de 1879. Ciertas investigaciones recientes han sacado a la luz algunas intervenciones realizadas en la pintura por su querido amigo Edgar Degas, especialmente en la forma de la habitación.

Mary Cassatt utiliza una paleta limitada de colores, con una presencia predominante del turquesa y una pincelada espesa y vigorosa. Es una obra que rompe el molde de los tradicionales retratos infantiles. En lugar de un pequeño perfecto, sonriente y elegante, la pintora se atreve a retratar a una niña aburrida, con una postura y unos vestidos descompuestos.

En esta pintura también notamos la influencia de los grabados japoneses que Cassatt coleccionó durante mucho tiempo y en los que se inspiró para definir su propio estilo: por ejemplo, en la elección de colocar al sujeto del cuadro descentrado, en la inclinación de las formas hacia arriba, así como en el corte de la imagen, en que algunas partes de los sillones quedan como cortadas, fuera del encuadre.

LA ARTISTA

Mary Cassatt (1844-1926) es una pintora estadounidense. Junto con Berthe Morisot, es la única mujer admitida en el grupo de los impresionistas. Crece en un ambiente acomodado y se rebela frente a las expectativas que su familia y la sociedad tienen para una mujer de su época: estudia pintura y viaja muchísimo por Europa, donde vive durante varios años y tiene la oportunidad de entrar en contacto con los artistas franceses y de conocer a algunas figuras destacadas que se acabarán convirtiendo en sus maestros, entre ellos Degas.

En París, en 1875, descubre en el escaparate de un marchante de arte algunas de las obras de Degas pintadas en pastel. Este encuentro casual le cambiará la vida. Conoce a los impresionistas y se siente a gusto con este grupo de artistas, a quienes frecuenta y se une en su causa revolucionaria con pasión y dedicación.

Le gusta pintar escenas cotidianas, especialmente de la vida social y privada de las mujeres y la relación con sus hijos.

COMPLETA EL DIBUJO

ACTIVIDAD

Prepara un listado de cosas que te gusta hacer; incluye las más variadas, desde las más físicas hasta las más creativas, pero también cocinar un plato en concreto o llamar a un amigo, escribir una carta a uno de tus abuelos o dar una vuelta en bici. No pongas límites a tu fantasía.

Escribe estas actividades en papelitos y métocos, después de doblarlos, en un bote vacío que deberás cerrar con su tapa. Prepara también una etiqueta que diga: ¡QUÉ ABURRIMIENTO! y engánchala al bote. La próxima vez que no sepas qué hacer, ¡abre el bote del aburrimiento y elige un papelito!

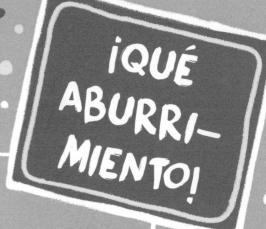

COSAS QUE ME GUSTAN

1 _____   11 _____
2 _____   12 _____
3 _____   13 _____
4 _____   14 _____
5 _____   15 _____
6 _____   16 _____
7 _____   17 _____
8 _____   18 _____
9 _____   19 _____
10 _____   20 _____

¡QUÉ ABURRI-MIENTO!

LLAMAR A UN AMIGO

DAR UNA VUELTA EN BICICLETA

¡Parece que las personas son más creativas cuando se aburren! Ponte en una postura cómoda y pinta este mandala. Intenta no pensar en nada, ¡aunque será casi imposible! No tienes que ocupar el tiempo con esta actividad, sino intentar relajarte realizando un ejercicio sencillo y repetitivo como llenar de color esos pequeños espacios. Mientras tu cabeza descansa, ¡podrá sorprenderte de pronto con ideas creativas!

ALEGRÍA

PARA TI,
¿DE QUÉ COLOR
ES LA ALEGRÍA?

Cuando te sientes alegre tienes ganas de estar con otras personas. La alegría te regala ligereza y te deja volar libre dentro del placer y la diversión, como cuando das vueltas y vueltas con energía. A tu alrededor solo resuenan tus risas explosivas, que contagian incluso a aquellos incapaces de abandonarse a la ligereza de la alegría. Es una energía bonita, cuya fuerza te libera de todas las preocupaciones y convierte la vida en algo brillante, de colores intensos. En tu mirada resplandece la despreocupación que alimenta el placer de vivir y hace que a cualquier persona le resulte atractivo pasar el tiempo contigo.

GEORGES SEURAT
EL CIRCO

La pista del circo: una amazona se exhibe encima de su caballo blanco, un domador usa su látigo, un acróbata está volando por los aires y, mientras tanto, algunos payasos entretienen a un público abducido por el emocionante espectáculo. No falta nada, parece que incluso se oiga la música que llena la carpa y que toda esa alegría y diversión traspasen el lienzo y lleguen de una forma abrumadora hasta nosotros.

LA OBRA

La pintura representa una escena de interior en el circo Medrano. El circo constituye un tema que, durante esos años, encantaba también a otros artistas como Renoir, Degas y, sobre todo, Toulouse-Lautrec. En el centro de la pista están los artistas, la amazona, el payaso, los acróbatas y el domador; en las gradas se encuentran los espectadores, igual de importantes y de protagonistas en el lienzo. Los más ricos y elegantes están sentados en las primeras filas, los más humildes en las traseras.

El clima de alegría y fiesta se consigue gracias a las líneas hacia arriba y a los colores cálidos y luminosos. Seurat solo usa cuatro: el blanco, el rojo, el amarillo y el azul.

En este trabajo, el artista aplica la técnica del puntillismo y realiza la pintura con pequeños toques regulares de colores puros, aunque introduce el movimiento, una novedad si pensamos en el estatismo de sus obras, especialmente en la más famosa: *Tarde de domingo en la isla de la Grande Jatte.*

El artista pinta el marco, utilizando unos colores que contrastan con los de la escena; de esta manera, consigue destacar el contenido.

El circo es la última obra de Seurat y quedó inacabada.

EL ARTISTA

Georges Seurat (1859-1891) nace en París en una familia acomodada que lo apoya en su pasión por el arte. Estudia Bellas Artes y tiene la suerte de poder montar su propio taller y de experimentar con su talento y con todas las técnicas.

Fascinado por el impresionismo —por la técnica *en plein air* y por el uso del color y de la luz—, lo revisa, sin embargo, con un enfoque más científico y experimenta las teorías de la luz en la percepción del color. El movimiento pictórico que nace de estos estudios y prácticas pasa a la historia como neoimpresionismo.

Seurat se distancia del estilo impresionista, cuyas rápidas pinceladas se superponen, y aplica los colores de manera directa del tubo sobre el lienzo, sin mezclarlos, con la punta del pincel en puntitos separados entre sí. De cerca se distinguen con claridad los puntitos y los colores individualmente, pero si nos alejamos de la pintura los tonos se mezclan en el ojo del observador. Lo que parece magia es en realidad una técnica científica aplicada de manera rigurosa.

Muere con solo treinta y un años, pero deja una enorme herencia a la historia del arte.

COMPLETA EL DIBUJO

ACTIVIDAD

Las obras de Seurat están compuestas por millares de puntitos de colores. Intenta reproducir el circo con su técnica, sin superponer o mezclar los colores, sino colocando los puntitos uno al lado del otro. La técnica se llama «puntillismo».

Apoya el libro en algún lugar, en vertical, y observa los círculos de puntitos. Luego, acércate y aléjate, y ¡descubre lo que pasa!

SOLEDAD

PARA TI, ¿DE QUÉ COLOR ES LA SOLEDAD?

La sensación de soledad también la tienen los mayores. Cuando te pasa esto, te resulta doloroso, porque te parece que nadie, ni siquiera las personas que quieres, se dé cuenta de que estás ahí y de cómo te sientes. Te piden que te las apañes solo y no entienden que bastaría únicamente con una mirada, una sonrisa o un abrazo para que sepas que estás bien. Cuando esto te pase, puedes intentar ponerte de pie y, con una postura bien erguida, como el caminante de la pintura, mirar tu vida desde arriba para descubrir con qué sueñas y quién te gustaría ser. Descubrirás, junto a la incertidumbre y al miedo, el placer de ser el protagonista de tu vida.

CASPAR DAVID FRIEDRICH

EL CAMINANTE SOBRE EL MAR DE NUBES

Un hombre solo contempla el horizonte desde una cumbre rocosa: delante de él hay un paisaje sumergido en la niebla. El caminante está de espaldas a nosotros y esta estrategia nos permite ver lo mismo que él y sentirnos en cierta manera como él, sumergidos en nuestros pensamientos, en esa roca al borde de un acantilado, observando el universo.

LA OBRA

El caminante sobre el mar de nubes es la pintura más evocadora de Caspar David Friedrich. La pinta en 1818 y se convierte en uno de los símbolos del Romanticismo: un hombre solo ante la naturaleza, con sus miedos y sus preguntas, que se descubre a sí mismo y al mundo.

El artista encuentra en la pintura un medio para apaciguar sus inquietudes y su dolor, además de buscar respuestas para las preguntas sobre el sentido de la vida.

El caminante contempla la inmensidad del paisaje que tiene frente a él, su soledad es buscada y a la vez deseada. El paisaje no es real, es un lugar del alma, imaginario: las rocas, las montañas y los escasos árboles están conectados por los bancos de niebla que confieren al ambiente un aire aún más intenso y misterioso. Es una especie de representación de cómo se siente el hombre cuando presta atención a sus tormentos interiores en el intento de conocer los matices de su alma y la de los otros seres humanos. El artista elige poner al hombre en el centro de la naturaleza: una persona que, aunque esté sola frente al misterio de la vida, es fuerte y firme.

EL ARTISTA

Caspar David Friedrich (1774-1840) nace en Greifswald, Alemania, en la orilla del mar Báltico, en una familia pobre. Tiene una infancia muy difícil y dolorosa: primero pierde a su madre y a dos hermanas y después, con trece años, también a su hermano mayor mientras intenta salvarle la vida.

La segunda parte de su vida es mucho más serena. Se dedica al arte desde muy temprana edad, guiado por un maestro, el arquitecto Johann Gottfried Quistorp, y se acerca así a la naturaleza y a la pintura de paisajes.

Estudia en Copenhague y después se establece en Dresde, donde echa raíces y reside la mayor parte de su vida, a excepción de algunos viajes por Europa. Aquí entra a formar parte del ambiente cultural romántico (junto a Novalis, Tieck y Goethe). Posee un alma inquieta y necesita moverse continuamente: vuelve a menudo a su ciudad natal debido a su necesidad de estar en contacto con la naturaleza.

COMPLETA EL DIBUJO

ACTIVIDAD

No conocemos la verdadera historia del hombre del cuadro.
Imagínala tú.

¿Quién es este hombre?

¿Por qué ha subido a esa cima rocosa?

¿Está esperando a alguien o quiere estar solo?

¿Cómo se siente?

¿En qué está pensando?

¿Y tú cómo te sientes mientras lo miras?

¿Tienes algún lugar en el que refugiarte cuando quieres estar solo? En el centro de esta pintura estás tú; elige lo que quieras tener a tu alrededor: ¿tu habitación, la naturaleza u otra cosa? Dibuja tu lugar preferido para pasar un momento de soledad.

AMOR

PARA TI, ¿DE QUÉ COLOR ES EL AMOR?

Es ese enamoramiento que te llega de repente, como si te hechizaran con un conjuro: piensas continuamente en la persona a la que amas, solo sientes un punzante deseo de verla y de estar cerca de ella. Todo lo que antes te gustaba y te divertía ahora no tiene sentido, el mundo entero desaparece y, cuando por fin podéis estar otra vez juntos, todo vuelve a resplandecer y te sientes feliz entre sus brazos, mirando sus ojos y su sonrisa. Nada es más bonito que quedarse allí, ligeros y despreocupados, acunados por el amor, ajenos al paso del tiempo, transformando cada instante en eternidad.

FRANCESCO HAYEZ
EL BESO

Dos jóvenes se funden en un abrazo y se besan. Visten ropa elegante medieval, tal vez sean una princesa y un caballero, y parece que estén dentro de un palacio, probablemente en un castillo. Se han apartado a un lugar solitario y remoto para un último adiós. En la oscuridad, detrás de ellos, se ve una sombra. ¿Quién será?

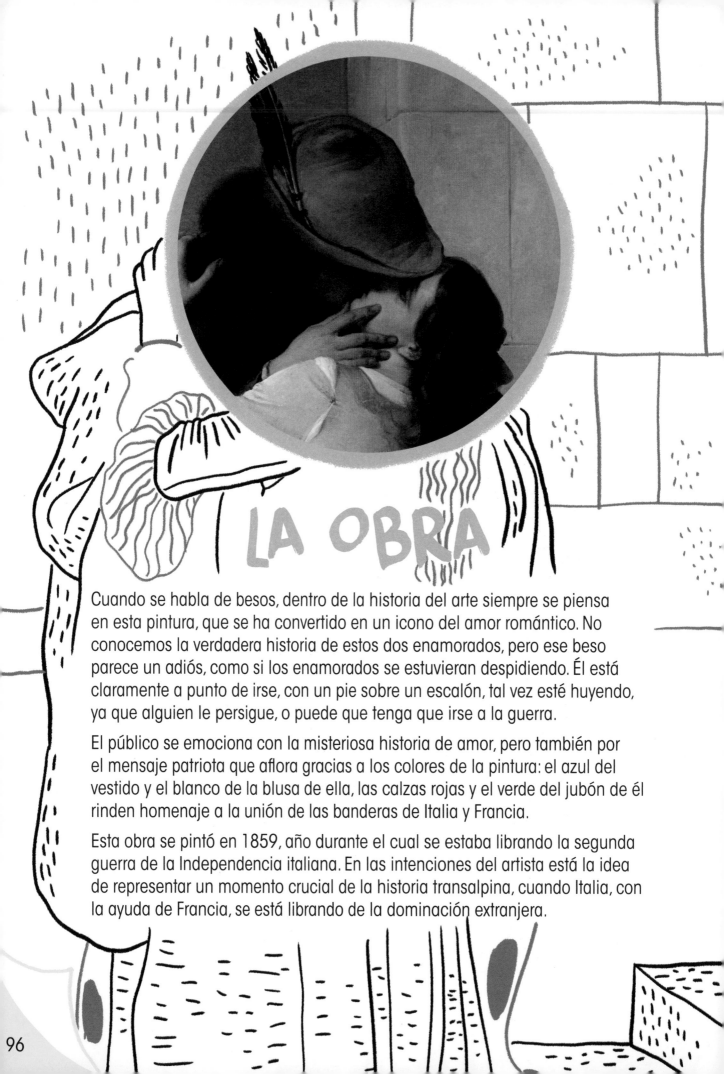

LA OBRA

Cuando se habla de besos, dentro de la historia del arte siempre se piensa en esta pintura, que se ha convertido en un icono del amor romántico. No conocemos la verdadera historia de estos dos enamorados, pero ese beso parece un adiós, como si los enamorados se estuvieran despidiendo. Él está claramente a punto de irse, con un pie sobre un escalón, tal vez esté huyendo, ya que alguien le persigue, o puede que tenga que irse a la guerra.

El público se emociona con la misteriosa historia de amor, pero también por el mensaje patriota que aflora gracias a los colores de la pintura: el azul del vestido y el blanco de la blusa de ella, las calzas rojas y el verde del jubón de él rinden homenaje a la unión de las banderas de Italia y Francia.

Esta obra se pintó en 1859, año durante el cual se estaba librando la segunda guerra de la Independencia italiana. En las intenciones del artista está la idea de representar un momento crucial de la historia transalpina, cuando Italia, con la ayuda de Francia, se está librando de la dominación extranjera.

EL ARTISTA

Francesco Hayez (1791-1882) es el principal representante del Romanticismo en Italia. Así como vimos con Delacroix en Francia, el artista pone en el centro de sus pinturas el patriotismo, los ideales de libertad y los sueños de unificación de Italia que son el alma del *Risorgimento*. Hayez nace en Venecia, crece en la ciudad de la laguna y, con dieciocho años, se muda a Roma, donde Antonio Canova se convierte en su maestro y protector. En Roma se dedica tanto al trabajo como a la diversión. Será en Milán, a la que se muda en 1818, donde se convierta en un pintor comprometido, consagrado por completo a los ideales románticos.

El artista es famoso por sus grandes pinturas históricas y, sobre todo, por los retratos de los hombres más célebres de su época, entre los cuales destacan Alessandro Manzoni y Camillo Benso, el conde de Cavour.

COMPLETA EL DIBUJO

ACTIVIDAD

Para cada historia de amor hay una canción como banda sonora.
¿Qué canción hace que pienses en el amor romántico?
Copia aquí su letra o las ideas que te inspira.

La pintura tuvo muchísimo éxito y Hayez decidió realizar otras versiones de ella. Aquí hemos reproducido dos: encuentra las diferencias.

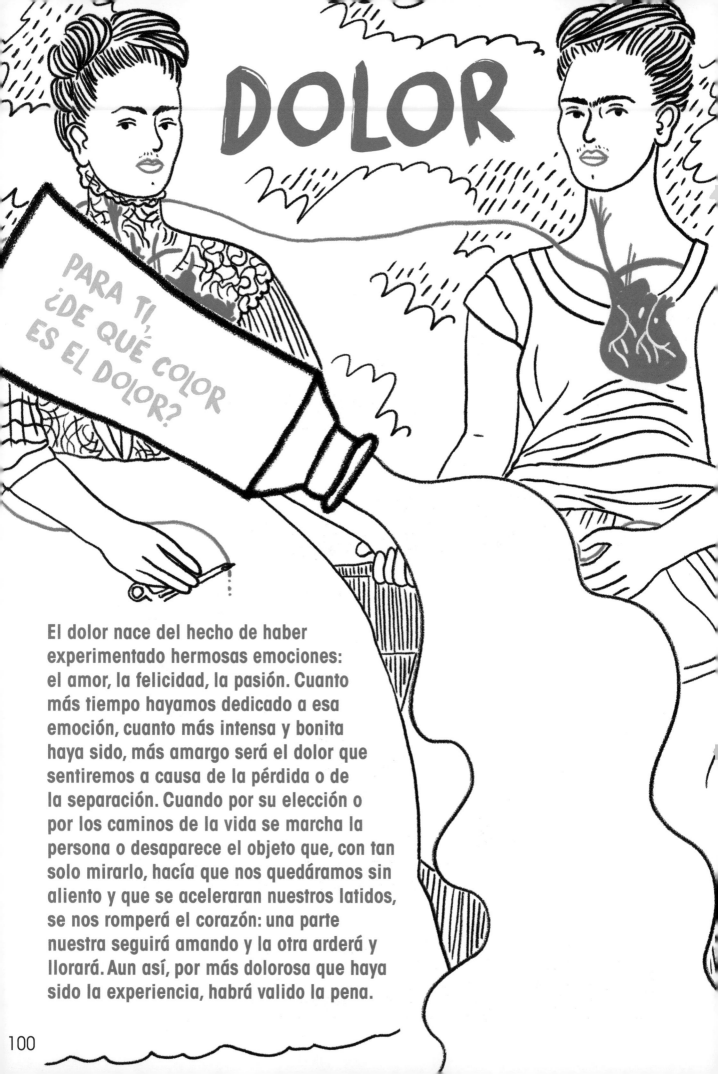

DOLOR

PARA TI, ¿DE QUÉ COLOR ES EL DOLOR?

El dolor nace del hecho de haber experimentado hermosas emociones: el amor, la felicidad, la pasión. Cuanto más tiempo hayamos dedicado a esa emoción, cuanto más intensa y bonita haya sido, más amargo será el dolor que sentiremos a causa de la pérdida o de la separación. Cuando por su elección o por los caminos de la vida se marcha la persona o desaparece el objeto que, con tan solo mirarlo, hacía que nos quedáramos sin aliento y que se aceleraran nuestros latidos, se nos romperá el corazón: una parte nuestra seguirá amando y la otra arderá y llorará. Aun así, por más dolorosa que haya sido la experiencia, habrá valido la pena.

FRIDA KAHLO
LAS DOS FRIDAS

Dos mujeres diferentes, pero, en el fondo, la misma. A la derecha, la Frida tradicional, con el vestido de las mujeres tehuanas; a la izquierda, la Frida independiente, con un vestido de encaje blanco. La primera sujeta la foto de su amado; la otra, unas pinzas quirúrgicas. Las dos tienen el corazón a la vista: la primera, íntegro; la segunda, abierto y herido, con una vena que sangra. Detrás de ellas, un cielo lleno de nubes presagia una tempestad.

LA OBRA

Las dos Fridas es un autorretrato doble que Frida Kahlo pinta en un momento de gran dolor, después del divorcio de su marido Diego Rivera. La relación con el famoso muralista mexicano la marcó profundamente: es un amigo, un marido, un maestro. El suyo es un amor atormentado que será el centro de muchísimas obras de la pintora: se quieren, se odian, se casan, se divorcian y se vuelven a casar.

A la derecha, la Frida amada por Diego; a la izquierda, la Frida abandonada.

Es la historia de un gran cambio en la vida de la artista, de cómo quedó marcada por este acontecimiento y de cómo consiguió transformar su dolor mientras permanecía fiel a sí misma. En esta pintura Frida habla de sí misma mucho más que en cualquier otro autorretrato: no tiene miedo de exponerse, de revelar su fragilidad y, a la vez, de demostrar su fuerza.

Una Frida que nunca se rindió frente a todas las adversidades de la vida y que, a través de la pintura, nos deja un mensaje positivo, el de una mujer que ha acogido el dolor, lo ha aceptado y ha conseguido volver a levantarse.

LA ARTISTA

Frida Kahlo (1907-1954) nació cerca de Ciudad de México y decidió cambiar su fecha de nacimiento a 1910, año de la revolución que libera México de la dictadura. Desde niña mostró un gran interés y talento en el dibujo y la pintura. Le encanta seguir a su padre fotógrafo, está entusiasmada por aprender y experimentar, y vive apasionadamente todo lo que pasa en su país y los movimientos revolucionarios que animan a México.

Con seis años enferma de poliomielitis y con dieciocho sufre un terrible accidente en la calle. Como consecuencia, se ve obligada a quedarse en la cama durante largos periodos de tiempo y encuentra consuelo en la pintura: la madre le monta un caballete en la cama para que pueda pintar desde allí y un espejo en el techo del dosel, gracias al cual pinta muchos autorretratos.

En sus obras hay mucho más que el dolor y el amor por Diego, también están presentes el amor por su tierra, sus orígenes y tradiciones, por la familia y los amigos, y las ganas de vivir, que hacen que escriba en su última obra: «Viva la vida».

COMPLETA EL DIBUJO

ACTIVIDAD

El asunto principal de las pinturas de Frida es ella misma: ella en relación con el mundo que la rodea, ella y su dolor, ella y su amor por la vida. Si hubiera existido Instagram en su época, habría sido la reina de los selfis. Imprime dos selfis que representen dos versiones de ti mismo y pégalas aquí.

Frida escribía un diario: contar el propio dolor siempre ha sido para los artistas una manera de enfrentarse a él, de conocerlo y superarlo.

¿Qué te parecería empezar a tener un diario? Allí podrás escribir tus pensamientos, tus secretos, tus preocupaciones. Pero también tus momentos felices y bonitos, los que quieras recordar para siempre. Elige un cuaderno o una libreta que puedas convertir en tu diario secreto o utiliza las páginas de abajo para empezar a escribir uno.

NOSTALGIA

**PARA TI,
¿DE QUÉ COLOR
ES LA NOSTALGIA?**

Puede llegar en un momento en el que estás triste, pero también cuando te sientes feliz.

Puede llegar porque has olido un perfume o has notado un detalle que te ha hecho revivir algo que ya te había pasado. Si sientes una mezcla de tristeza y placer, eso es la nostalgia. Su intenso sabor, dulce y amargo a la vez, te atrapa y te transporta con fuerza al recuerdo de esos días que, aunque no puedan volver, nadie puede robarte, porque ya son parte de ti, son tu historia. Déjate mimar por ellos y luego vuelve a emprender el viaje hacia el futuro para poder vivir nuevos momentos, dignos de ser recordados.

JOHANNES VERMEER

MUJER LEYENDO UNA CARTA

Una joven mujer embarazada, que lleva un camisón azul y el pelo recogido, está concentrada leyendo una carta. Por la ventana entra la primera luz de la mañana. Tiene una actitud nostálgica: tal vez esté pensando en alguien o recordando algún momento de su vida. Parece encontrarse en una sala de estar: se ven una mesa con dos sillas, un sillón y un mapa en la pared; es el tranquilo interior de una casa de la época.

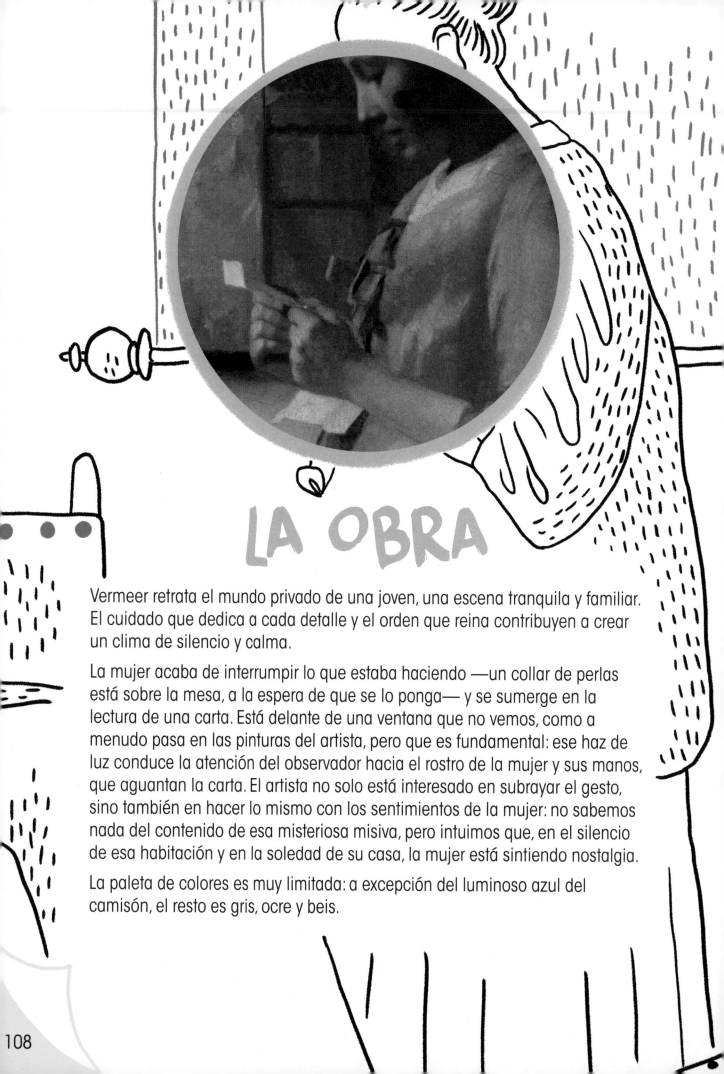

LA OBRA

Vermeer retrata el mundo privado de una joven, una escena tranquila y familiar. El cuidado que dedica a cada detalle y el orden que reina contribuyen a crear un clima de silencio y calma.

La mujer acaba de interrumpir lo que estaba haciendo —un collar de perlas está sobre la mesa, a la espera de que se lo ponga— y se sumerge en la lectura de una carta. Está delante de una ventana que no vemos, como a menudo pasa en las pinturas del artista, pero que es fundamental: ese haz de luz conduce la atención del observador hacia el rostro de la mujer y sus manos, que aguantan la carta. El artista no solo está interesado en subrayar el gesto, sino también en hacer lo mismo con los sentimientos de la mujer: no sabemos nada del contenido de esa misteriosa misiva, pero intuimos que, en el silencio de esa habitación y en la soledad de su casa, la mujer está sintiendo nostalgia.

La paleta de colores es muy limitada: a excepción del luminoso azul del camisón, el resto es gris, ocre y beis.

EL ARTISTA

Un halo de misterio rodea la figura de Johannes Vermeer (1632-1675).

Sabemos poco sobre su vida: es un pintor atento y meticuloso, con una gran pasión por su trabajo, que en solo cuarenta y tres años de vida y con treinta y cinco obras se gana un lugar destacado en la historia del arte.

Nace en Delft, en Holanda, tiene una familia muy numerosa (¡catorce hijos!), unas relaciones familiares muy complicadas y una condición financiera muy difícil. Parece que, para poder alimentar a su familia, se vio obligado a malvender sus obras.

Es el mayor exponente de la considerada «pintura de género», a la cual se dedicaban muchos pintores holandeses de la época, que ilustraban escenas de la vida cotidiana, ambientadas en su mayoría en elegantes interiores burgueses. Pero ninguno de ellos alcanzó la capacidad de Vermeer para armonizar forma y color, su dominio de la perspectiva y de los efectos de la luz, así como su pericia a la hora de contar historias e inmortalizarlas como si fueran fotografías.

COMPLETA EL DIBUJO

ACTIVIDAD

Escribe una carta a alguien recordando algo bonito que hayáis vivido juntos.

Puedes elegir hacerlo aquí abajo o bien usar un papel de carta y enviársela a esa persona o entregársela en mano.

¡Experimentemos con el poder de la luz con una cámara o un *smartphone*! Ponte delante del objetivo, de manera que la fuente de luz esté a un lado y lo que vayas a fotografiar esté girado hacia la luz (o que al menos una parte esté iluminada de costado).

No es importante lo que fotografíes, puede ser una fruta, un juguete, un niño, un adulto, un animal… Este truco de la luz funciona siempre y será divertido jugar con ella.

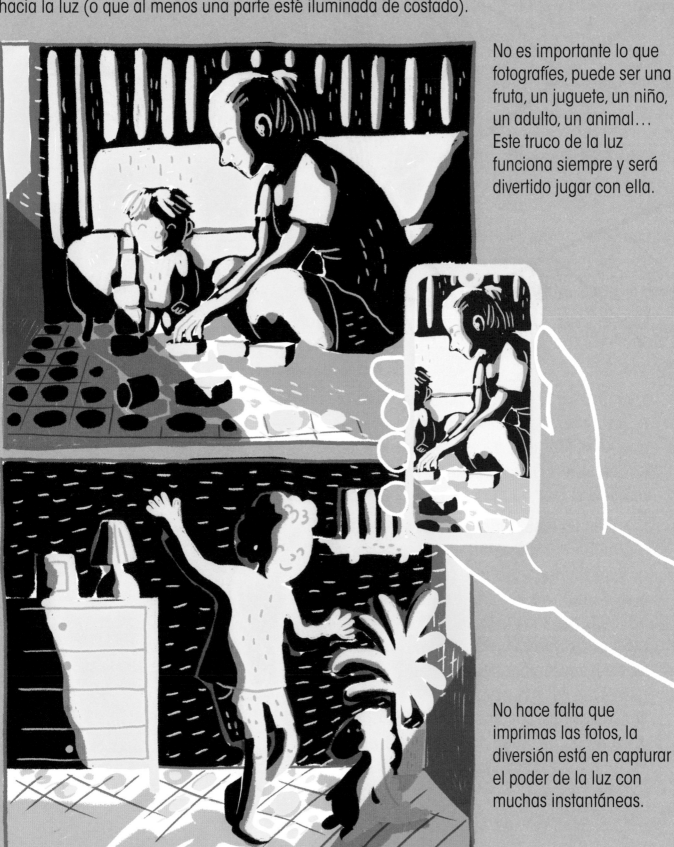

No hace falta que imprimas las fotos, la diversión está en capturar el poder de la luz con muchas instantáneas.

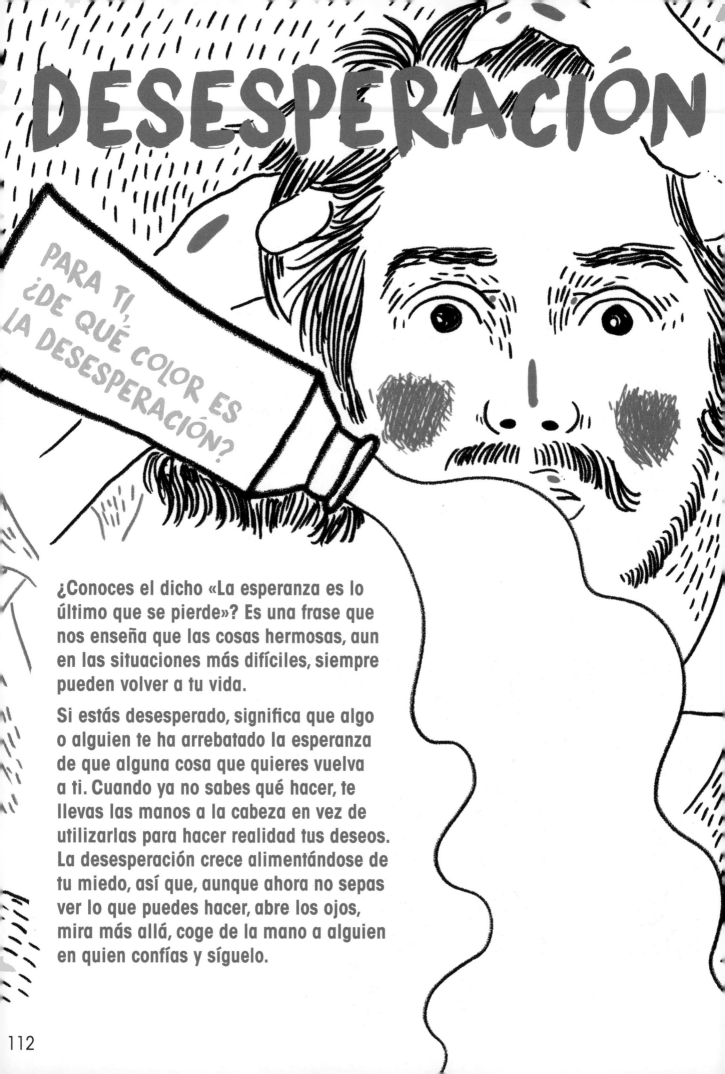

DESESPERACIÓN

PARA TI, ¿DE QUÉ COLOR ES LA DESESPERACIÓN?

¿Conoces el dicho «La esperanza es lo último que se pierde»? Es una frase que nos enseña que las cosas hermosas, aun en las situaciones más difíciles, siempre pueden volver a tu vida.

Si estás desesperado, significa que algo o alguien te ha arrebatado la esperanza de que alguna cosa que quieres vuelva a ti. Cuando ya no sabes qué hacer, te llevas las manos a la cabeza en vez de utilizarlas para hacer realidad tus deseos. La desesperación crece alimentándose de tu miedo, así que, aunque ahora no sepas ver lo que puedes hacer, abre los ojos, mira más allá, coge de la mano a alguien en quien confías y síguelo.

GUSTAVE COURBET
HOMBRE DESESPERADO

Los ojos abiertos de par en par que nos miran, las mejillas coloradas, las manos en la cabeza, la boca apenas entreabierta, el desánimo en la cara de un hombre que no sabe por dónde empezar para enfrentarse a lo que tiene enfrente. En cada línea de su rostro, en el gesto de sus manos, en las venas y en la tensión de los brazos, así como en el movimiento de su cuerpo, que parece echarse hacia atrás, entrevemos la preocupación, el miedo, la desesperación.

LA OBRA

Courbet pinta varios autorretratos durante los primeros años de su actividad, cuando aún está buscando un estilo propio, para descubrir después que quiere pintar otras cosas: la vida real, el mundo que lo rodea tal y como él lo ve.

En este autorretrato se nota el eco del período anterior, el Romanticismo, que ponía el acento en expresar emociones y estados de ánimo.

Aunque Courbet era conocido por ser un hombre alegre y enamorado de la vida, aquí nos muestra su lado más vulnerable.

Escribió: «Solo pertenezco a la libertad». Es decir, afirma que quiere ser un hombre libre, encontrar un camino diferente con respecto a sus predecesores y, de esta manera, manifiesta toda la inseguridad de un joven artista que mira hacia su futuro. En realidad, no sabemos si Courbet quería contar de verdad algo de sí mismo en esta obra, o si solo estaba realizando un ejercicio de estilo, pero el famoso autorretrato *Hombre desesperado* indudablemente nos cuenta algo de él. Cuando lo pinta, en 1843, aún está sumergido en el tormento interior del artista que no sabe qué clase de pintor quiere ser y en qué tipo de hombre quiere convertirse.

EL ARTISTA

Gustave Courbet (1819-1877) es un pintor francés, líder indiscutible del realismo pictórico, movimiento surgido alrededor de 1840 y al cual da nombre y que quiere contar la vida tal como es, sin idealizarla. Se trata de una especie de revolución en el arte: los artistas y los escritores realistas desean contar la realidad como la ven, representar sujetos y personas normales y corrientes, las costumbres, las ideas y cualquier aspecto de su época, vistos desde la perspectiva de quien los vive. El artista se aleja del estilo grácil de sus predecesores, desea la verdad, un «¡arte vivo!», como él mismo lo define. No quiere añadir un significado emocional a las escenas, sino contar la realidad de la vida cotidiana y enseñar sin miedo toda su belleza y, a la vez, todas sus imperfecciones. Sus obras fueron criticadas con dureza porque se consideraban brutales y, a veces, hasta vulgares.

Courbet pasa días enteros en el Louvre estudiando y copiando obras maestras, experimentando con técnicas y sujetos, retratos y desnudos femeninos, pero sobre todo con escenas de la naturaleza. Sus marinas con nubes de tormenta tendrán una gran influencia sobre los pintores impresionistas que vendrán detrás de él.

COMPLETA EL DIBUJO

ACTIVIDAD

Courbet pinta muchos autorretratos, pero este seguramente debía de ser su preferido, ya que siempre lo tuvo junto a él. Esta pintura se encontró en su taller después de su muerte. ¿Tienes alguna imagen de ti mismo por la cual sientas especial cariño? ¿Una foto de cuando eras pequeño u otra más reciente? Pégala en este espacio en blanco.

Los amigos de Courbet lo describen como un hombre alegre y tranquilo, tal vez un poco rebelde, al que no le gustaba atenerse a las normas de los demás, aunque sereno. Sin embargo, en este retrato, aparece desesperado.

Dibuja tu autorretrato contando algo de ti mismo que los demás no se esperen. Puedes decidir no dibujar y decantarte por usar las palabras y «escribir un retrato» que revele algo sobre ti.

COMPASIÓN

PARA TI, ¿DE QUÉ COLOR ES LA COMPASIÓN?

La compasión es una emoción «de mayores», que se aprende. Significa conseguir sentir el dolor y el sufrimiento de otra persona. Tus emociones se han apartado para dejar entrar a las de la persona que tienes delante: las reconoces, las entiendes y quieres cuidar de ellas. Justamente porque sabes lo que está sintiendo esa otra persona, puedes encontrar la palabra correcta o el gesto más adecuado para consolarla. Por esta razón, no puedes marcharte, deseas quedarte y ayudar. La compasión es la respuesta más noble que el amor puede dar cuando se encuentra con el dolor.

MIGUEL ÁNGEL
LA PIEDAD

Una joven María tiene entre sus brazos el cuerpo muerto de Jesús. En su cara no vemos el dolor desgarrador de una madre que ha perdido a su hijo: parece, por el contrario, acariciarlo con la mirada, lo sostiene con los dedos bien apretados en el tórax y aguanta una esquina de la sábana que lo envuelve.

Es el momento de la participación, de la compasión, de la aceptación. Los rostros de la mujer y de Jesús están serenos, parecen estar preparados para saludarse y entregarse al destino.

LA OBRA

Miguel Ángel acaba de llegar a Roma cuando le encargan esta tarea, solo tiene veintitrés años y realiza una de las obras maestras del Renacimiento, que hoy en día está en la basílica de San Pedro en el Vaticano. La escultura muestra a Jesús, después de que lo hayan bajado de la cruz, abandonado en el regazo de su madre. María lo sostiene con las manos hacia el cielo, como acogiendo la voluntad de Dios y ofreciéndole a su propio hijo. Miguel Ángel decide no representar el dolor desesperado de una madre, sino el momento en que acepta su destino.

La obra tiene una estructura en forma de pirámide y los dos cuerpos parecen fundirse en la comunión de un sentimiento. El mármol está esculpido con muchos detalles, tanto en los cuerpos como en las telas. Hay un fuerte contraste entre el vestido de ella, con las numerosas luces y sombras que producen todos los pliegues, y el cuerpo liso y pulido de Jesús. El artista consigue aquí una perfección técnica sin igual. En el vestido hay una inscripción en una banda donde pone: Lo hizo el florentino Miguel Ángel Buonarroti: es la única obra firmada por el artista.

EL ARTISTA

La vida de Miguel Ángel Buonarroti (1475-1564) es larga y está marcada por importantes acontecimientos. Nace cerca de Arezzo y crece en Florencia, donde es aprendiz en el taller del Ghirlandaio y estudia a los grandes maestros del pasado como Fra Angelico, Masaccio, Giotto y los escultores grecorromanos. Frecuenta la escuela de arte creada por Lorenzo de Medici, apodado el Magnífico, quien lo toma bajo su protección. Así, el artista puede dedicarse por completo a su arte y entrar en contacto con los estudiosos y los intelectuales de su época.

En 1496 se establece en Roma y realiza sus obras más importantes. Es un hombre independiente, reservado y arisco, a veces descarado, a quien le gustan los desafíos más que ninguna otra cosa. El mayor al que se enfrentó fue la Capilla Sixtina: él, que se consideraba a sí mismo más escultor que pintor, acepta la propuesta del papa Sixto IV de pintar el fresco de la bóveda: se trata de un trabajo sobrehumano, pero consigue realizar la obra maestra entre las obras maestras. Bajo petición del papa Pablo III vuelve a pintar la Capilla Sixtina y, después de casi seis años de trabajo, realiza el *Juicio Universal*.

COMPLETA EL DIBUJO

ACTIVIDAD

Para sentir compasión es necesario ponerse en la piel de los demás. A veces, con una película o un libro, nos pasa que nos identificamos tanto con un personaje que llegamos a compartir sus emociones.

¿Recuerdas alguno? Pega o dibuja la portada del libro o del cartel de la película.

Los artistas siempre han firmado sus obras y, cuando lo han hecho, han llegado a encontrar maneras muy originales para decirle al mundo: «¡Esto lo he hecho yo!». Si tuvieras que firmar una obra de arte, ¿cómo lo harías?

INVENTA TU FIRMA

VERGÜENZA

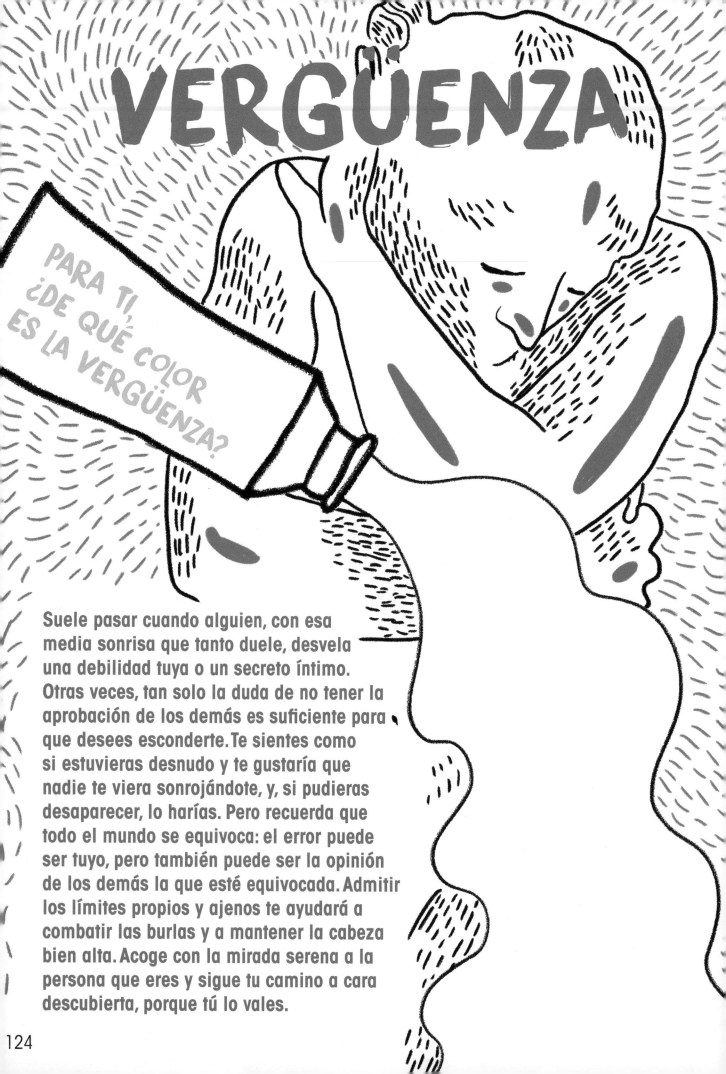

PARA TI,
¿DE QUÉ COLOR
ES LA VERGÜENZA?

Suele pasar cuando alguien, con esa media sonrisa que tanto duele, desvela una debilidad tuya o un secreto íntimo. Otras veces, tan solo la duda de no tener la aprobación de los demás es suficiente para que desees esconderte. Te sientes como si estuvieras desnudo y te gustaría que nadie te viera sonrojándote, y, si pudieras desaparecer, lo harías. Pero recuerda que todo el mundo se equivoca: el error puede ser tuyo, pero también puede ser la opinión de los demás la que esté equivocada. Admitir los límites propios y ajenos te ayudará a combatir las burlas y a mantener la cabeza bien alta. Acoge con la mirada serena a la persona que eres y sigue tu camino a cara descubierta, porque tú lo vales.

AUGUSTE RODIN
EVA

Una joven agacha la cabeza, cruza los brazos y se cubre la cara, retorciéndose sobre sí misma. Es Eva, desnuda ante el mundo. No quiere que nadie la vea, desea esconderse. Cubre su cuerpo y su rostro, pero también sus pensamientos, sus emociones; se retuerce alrededor de su yo más profundo, donde reside su debilidad, en el intento de disolverla y desaparecer.

LA OBRA

La escultura de *Eva* forma parte de un proyecto mayor de Rodin, *La Puerta del Infierno*, una de sus obras maestras. Las esculturas de *Adán y Eva* tenían que colocarse en los laterales del gran portal de bronce. La desnudez de *Eva* representa la desnudez de su alma, a la cual quiere proteger y esconder. Rodin empieza a moldear *Eva* en los primeros meses de 1880, pero se ve obligado a interrumpir su trabajo porque su modelo está embarazada y ya no puede posar para él. Se trata claramente de un trabajo inacabado: en muchas partes es aún un esbozo, la superficie está rugosa, el trazado de la estructura todavía está visible sobre el metal. El artista se queda la estatua para él hasta 1899, cuando siente el valor suficiente para exponerla y enseñar a todo el mundo una obra inacabada. El hecho de dejar las obras no terminadas y sin pulir se convierte en una característica del estilo del artista, tal como sucede con los impresionistas en la pintura, para dejar espacio al observador, quien, con su fantasía e interpretación, puede acabar la obra. Pero, tal como pasó con los impresionistas, muchas de las esculturas de Rodin recibieron duras críticas por el hecho de no estar acabadas y de ser solo bocetos. Con el tiempo, el público ha aprendido a amar y apreciar esta elección estilística.

EL ARTISTA

Auguste Rodin (1840-1917) es un escultor francés, considerado el más destacado de su época; su actividad marca el comienzo de la escultura moderna.

Nace en París en el seno de una familia pobre y con trece años entra en una escuela de arte. Intenta apuntarse tres veces a la academia artística oficial francesa, pero siempre lo rechazan. En su tiempo libre, estudia el arte visitando los museos y las galerías de París.

En 1875 viaja hasta Italia, un desplazamiento importantísimo, ya que allí tiene la ocasión de ver las obras de los grandes maestros del Renacimiento y se queda especialmente fascinado por las monumentales esculturas de Miguel Ángel. Entiende que la escultura es el medio que quiere usar para expresarse y, aunque se inspire en los grandes maestros del pasado, siempre consigue dar un toque personal y único a sus obras, en las que presta una especial atención al movimiento, a los sentimientos y a los pensamientos de los sujetos representados.

COMPLETA EL DIBUJO

ACTIVIDAD

¿Qué haces cuando sientes vergüenza? ¿Te sonrojas? ¿Eliges esconderte? Experimenta con tu cuerpo la torsión del cuerpo de *Eva* o bien busca la postura que te hace sentir más reconfortado. Dibújala o haz que te saquen una foto y pégala aquí.

Hay emociones que se parecen a la vergüenza, como la timidez y la incomodidad. Intenta poner un nombre a las emociones representadas en los dibujos.

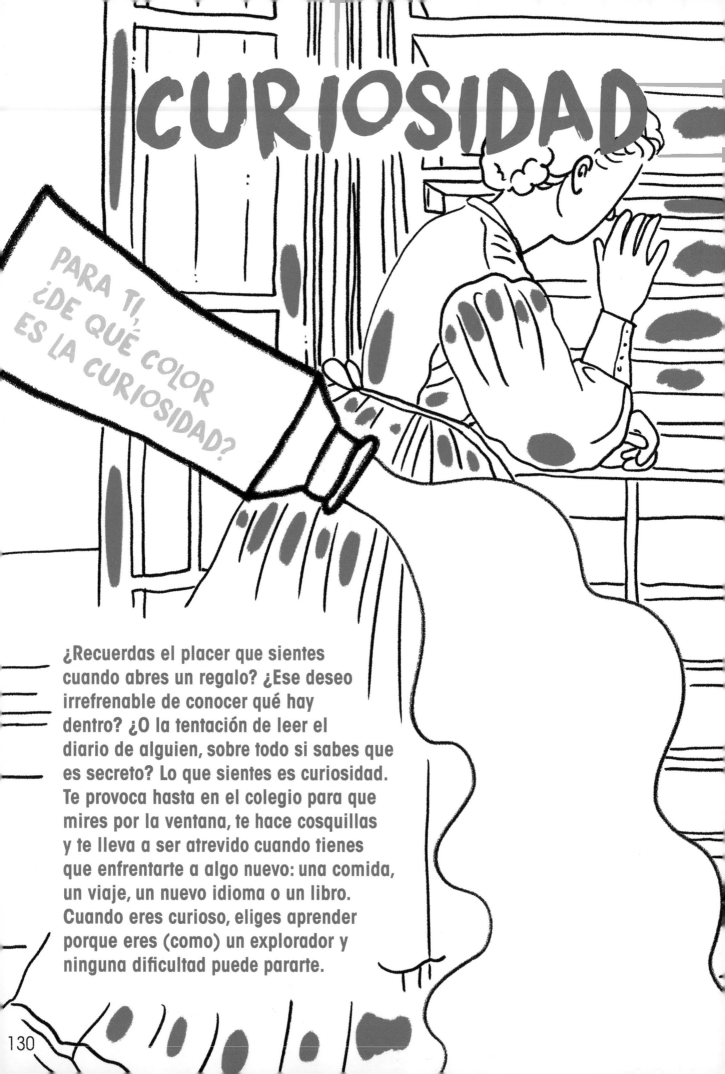

CURIOSIDAD

PARA TI,
¿DE QUÉ COLOR
ES LA CURIOSIDAD?

¿Recuerdas el placer que sientes cuando abres un regalo? ¿Ese deseo irrefrenable de conocer qué hay dentro? ¿O la tentación de leer el diario de alguien, sobre todo si sabes que es secreto? Lo que sientes es curiosidad. Te provoca hasta en el colegio para que mires por la ventana, te hace cosquillas y te lleva a ser atrevido cuando tienes que enfrentarte a algo nuevo: una comida, un viaje, un nuevo idioma o un libro. Cuando eres curioso, eliges aprender porque eres (como) un explorador y ninguna dificultad puede pararte.

SILVESTRO LEGA
CURIOSIDAD

Una joven está intrigada por algo, se acerca a la ventana y espía entre la persiana. No sabemos qué está mirando, pero algo ha llamado su atención y desea saber más. ¿Por qué no abre la ventana y mira por el balcón? Parece cohibirse, como si quisiera protegerse o evitar que la vean.

SILVESTRO LEGA

LA OBRA

La vida cotidiana es el tema principal de la producción de Silvestro Lega: pinta a mujeres y a niños en su día a día, mientras juegan, leen o trabajan.

En esta pintura el artista retrata con gran realismo una escena en el interior de una casa: una joven con un vestido azul claro y un delantal en la cintura que parece que acaba de dejar a un lado las labores domésticas para asomarse al balcón. Está inmortalizada inclinada hacia delante, en dirección a lo que quiere ver. El artista capta el gesto de la mujer justo en el momento en el que pasa, como si estuviera tomando una fotografía.

Lega decide retratar de esta manera una de las emociones que mueven al ser humano en el mundo: la curiosidad de saber lo que pasa a nuestro alrededor.

El artista usa pocos colores, especialmente el verde y el ocre, pero lo que domina la escena es la luz que entra por la ventana a través de la persiana e ilumina el rostro y la parte anterior del vestido de la mujer, una luminosidad que sale a su encuentro y se convierte en el símbolo de ese mundo exterior que tanto la atrae.

EL ARTISTA

Silvestro Lega (1826-1895) es un pintor de la región italiana de Emilia-Romaña. Con diecisiete años se muda a Florencia, donde estudia en la Academia de Bellas Artes. Participa en los encuentros del café Michelangiolo, donde se reúnen artistas y activistas políticos para discutir y compartir opiniones. Junto a algunos de ellos funda el grupo de los *Macchiaioli*.

¿Quiénes eran los *Macchiaioli*? Es una periodista quien usa, por primera vez, la palabra *Macchiaioli* con la idea de tomarles un poco el pelo y de provocarlos.

Al contrario de las intenciones originales de su autor, a los artistas les gustó mucho el nombre y decidieron adoptarlo. La palabra *macchia* («mancha») se refiere a su manera de utilizar el color, justamente con «manchas». Estos artistas, muy diferentes entre sí, tienen algunas características comunes como, por ejemplo, una formación clásica, el amor por la pintura al aire libre y la predilección por las escenas de la vida cotidiana y familiar.

COMPLETA EL DIBUJO

ACTIVIDAD

¿Sientes curiosidad por saber algo de cuando eras pequeño y que tus padres o tus hermanos nunca te contaron? Pídeles que escriban un capítulo de tu vida y lo metan en un sobre. Pégalo aquí y ciérralo con celo.

¿Cuánto tiempo resistirás la tentación de abrirlo?

Hace poco todos hemos tenido que quedarnos en casa a causa de la pandemia. Seguramente habrás tenido la ocasión de mirar el mundo exterior desde una nueva perspectiva. ¿Qué veías desde tu ventana?

¿CÓMO TE SIENTES?

Observa con atención las emociones principales que se nombran en las páginas anteriores. Durante un mes dibuja en el marco correspondiente al número del día el símbolo de la emoción dominante de ese día. Antes de empezar, pinta la leyenda con los colores que hayas ido eligiendo a lo largo del libro para cada emoción.

Puedes añadir libremente dos emociones y fotocopiar esta actividad todas las veces que quieras.

DATOS RECOGIDOS DESDE .... HASTA ....

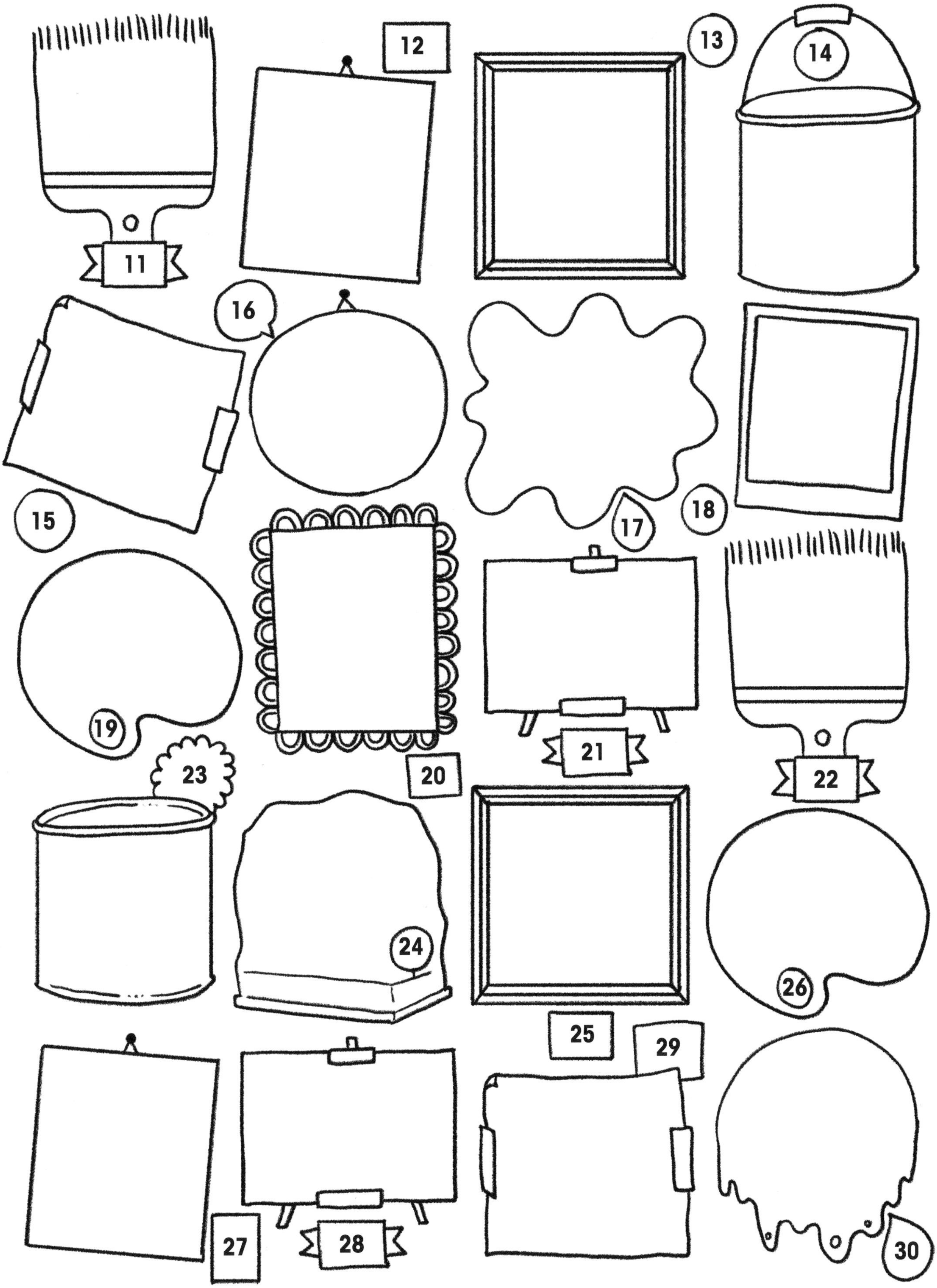
11
12
13
14
15
16
17
18
19
20
21
22
23
24
25
26
27
28
29
30

LA GALERÍA DE LAS EMOCIONES

Haz 21 fotos de tu cara, una para cada emoción. Ponte feliz, triste, enfadado, melancólico, aburrido… y crea tu galería particular de las emociones.

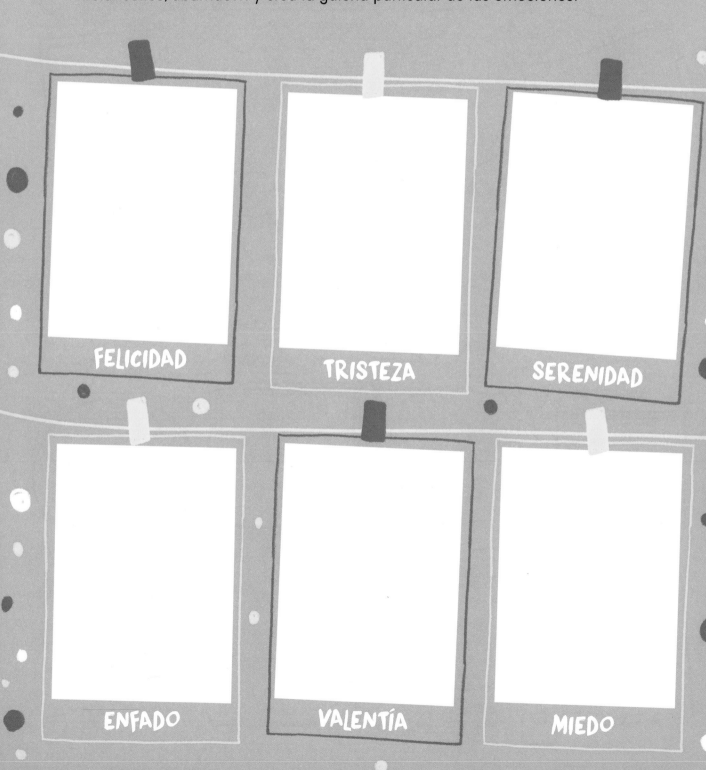

FELICIDAD

TRISTEZA

SERENIDAD

ENFADO

VALENTÍA

MIEDO

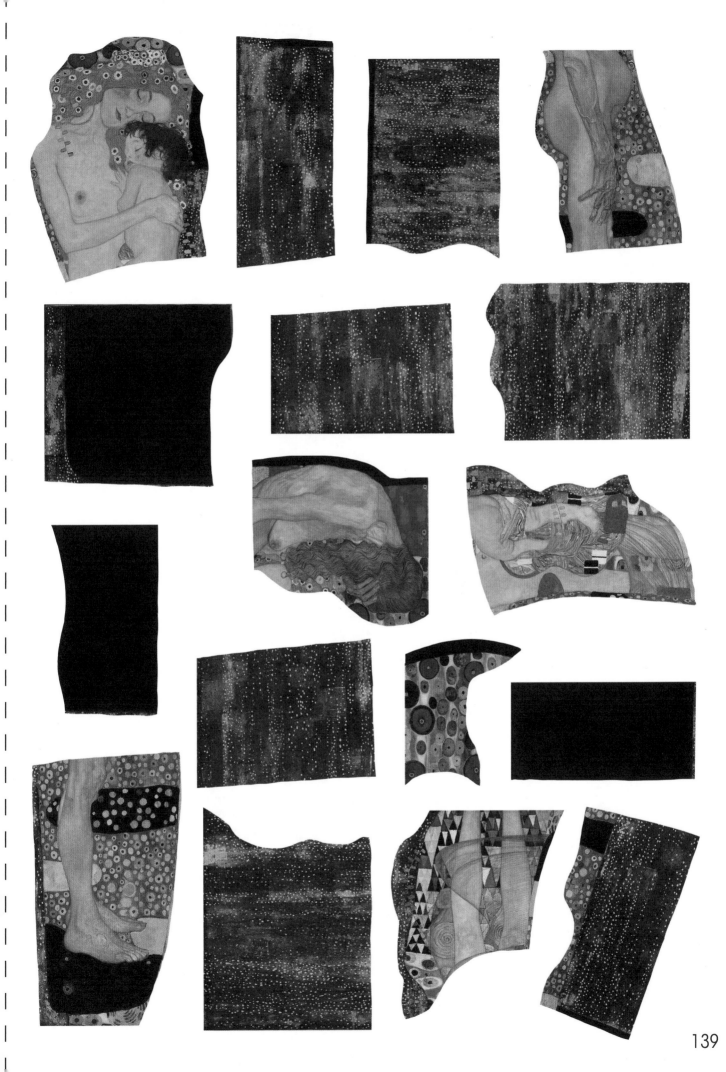

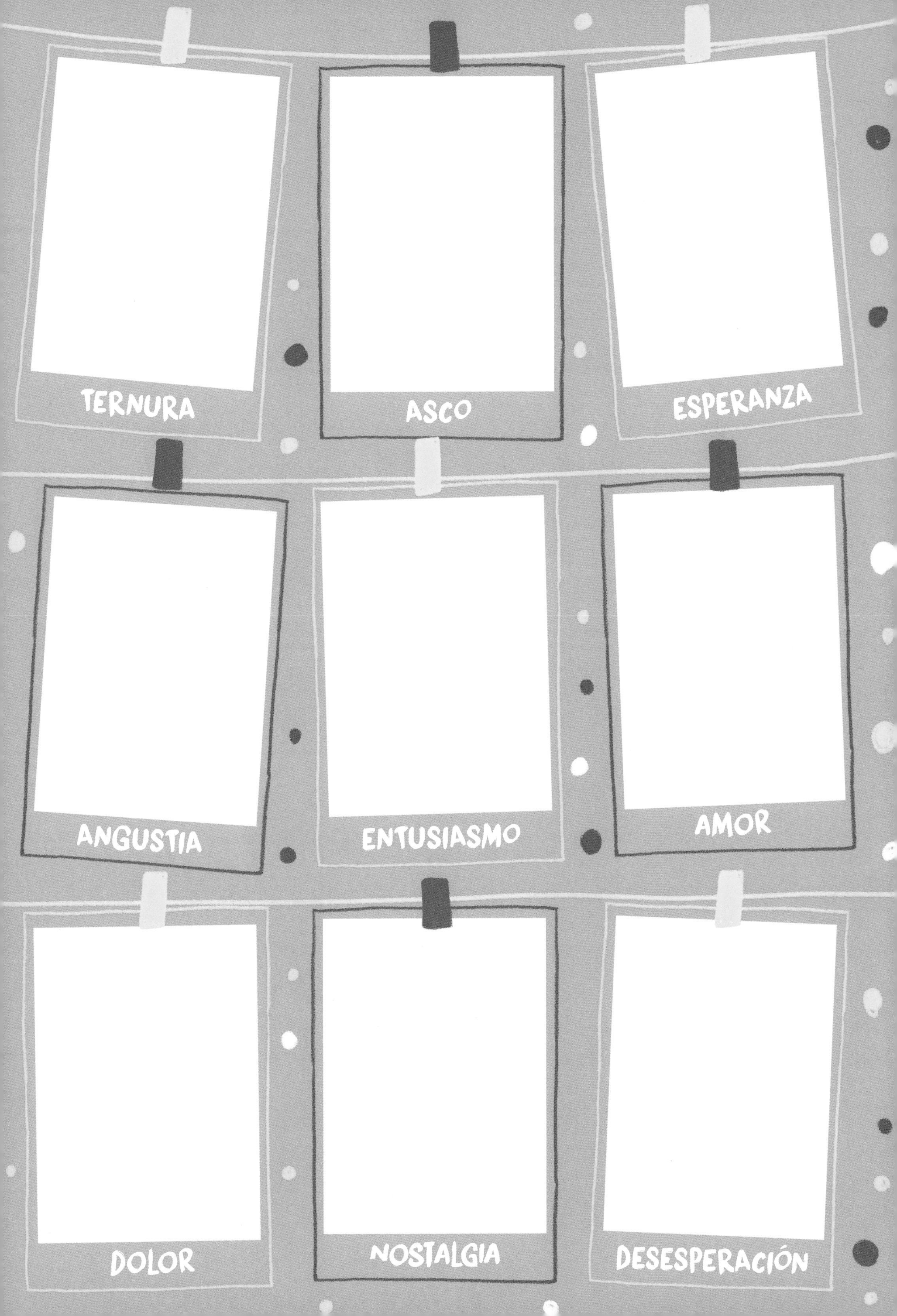

TERNURA

ASCO

ESPERANZA

ANGUSTIA

ENTUSIASMO

AMOR

DOLOR

NOSTALGIA

DESESPERACIÓN

ALEGRÍA

SOLEDAD

ABURRIMIENTO

COMPASIÓN

VERGÜENZA

CURIOSIDAD

EL MAPA DE LAS EMOCIONES